刑事简易程序
基础理论与实战技能

夏凉　黄攀峰　卢大海　应敏骏　著

中国检察出版社

图书在版编目（CIP）数据

刑事简易程序基础理论与实战技能／夏凉等著. —北京：中国检察出版社，2017.5

ISBN 978－7－5102－1861－3

Ⅰ.①刑… Ⅱ.①夏… Ⅲ.①刑事诉讼－诉讼程序－研究－中国 Ⅳ.①D925.218.04

中国版本图书馆 CIP 数据核字（2017）第 057700 号

刑事简易程序基础理论与实战技能

夏　凉　黄攀峰　卢大海　应敏骏　著

出版发行：中国检察出版社

社　　　址：北京市石景山区香山南路 111 号 （100144）

网　　　址：中国检察出版社（www.zgjccbs.com）

编辑电话：（010）88960622

发行电话：（010）88954291　88953175　68686531
　　　　　　（010）68650015　68650016

经　　　销：新华书店

印　　　刷：河北省三河市燕山印刷有限公司

开　　　本：A5

印　　　张：5.75

字　　　数：151 千字

版　　　次：2017 年 5 月第一版　2017 年 5 月第一次印刷

书　　　号：ISBN 978－7－5102－1861－3

定　　　价：24.00 元

序

应该说我国 1996 年《刑事诉讼法》设置的刑事简易程序在实际应用中取得了较好的效果，但鉴于当时制度设计略显粗放，在司法实践中难以掌握其具体标准，故后来又出台了若干司法解释，以致形成简易程序与普通程序简化审并存的局面，由此也招致了"破坏法制统一、影响诉讼效率、使司法界无所适从"等诸多诟病。2012 年第十一届全国人大五次会议表决通过了对《刑事诉讼法》的第二次修正，在吸收相关司法解释的基础上对简易程序和普通程序简化审二者进行了整合，扩大了刑事简易程序的适用范围，然而检察机关在适用这一程序办理刑事案件时还是不可避免地遇到了一些诸如法律监督操作性不强、适用标准难以准确把握等问题，特别是修订后刑事诉讼法删除了"可能判处三年以下有期徒刑、拘役、管制、单处罚金的公诉案件"这一简易程序的适用条件，并规定对简易程序案件人民检察院"应当派员出席法庭"，从而使得检察人员一改过去简易程序审判不出庭为常态的工作格局而疲于应对，工作量大增，这对于人手紧缺的基层检察院而言的确是个不轻的负担。此外，修订后的刑事诉讼法排除适用简易程序的规定过于粗疏、审前程序简化不够等也造成了司法实践中的种种困惑。浙江省检察系统几位年轻的基层检察官敏锐地意识到上述问题，他们在长期积累的基础上，经过深入思考并认真总结、梳理司法实务中的鲜活经验，为广大读者特别是近几年来忙碌于简易程序诉讼庭审的检察同仁们奉献出了这本《刑事简易程序基础理论与实战技能》。

《刑事简易程序基础理论与实战技能》一书主要由基础理论与实战技能两部分组成，共分为四章。全书虽没有深奥的概念体系及振聋发聩之高论，但结构完备、承启自如，且兼顾理论与实务，尤重检察实践之可操作性，具有强烈的问题意识与现实意义。本书第一章在介绍刑事简易程序的概念特征及历史流变的同时，对两大法系中具有典型代表的国家和地区有关刑事简易程序的立法例进行了叙述与介评，重点论述了辩诉交易、有罪答辩与刑事协商三种程序的适用种类。第二章对我国刑事简易程序的立法轨迹进行了全面梳理分析，并对立法、适用现状及相关司法工作机制进行了实证分析、考察，归纳概括出司法实践中的一系列矛盾、困境，从立法发展史、法律文本与实证主义等多个角度出发，指出我国目前简易程序所存在的立法用语含糊、程序本身界定不清、适用标准不明、程序简化不足等问题。第三章秉承实践是检验真理的唯一标准这一认识，在对各地进行实践探索的应对机制与办案模式如集中审查、集中讯问、集中起诉等进行比较分析的基础上，指出了当前工作机制之不足，提出了相应补救之策，以提升检察官办案、出庭与监督的实战技能与水平。特别需要强调的是其中融入了抽样研究等方法，列举了各地大量实例及检察文书样式，因而具有很强的实战指导意义。第四章主要着眼于我国刑事简易程序的各地试点探索现状，在借鉴域外经验的基础上对我国简易程序的未来走向与架构进行了一定程度上的设计与构想。可谓既扎根于本土，又放眼于西方既成之司法理论与实践成果。其中尤其详细论述了刑事速裁程序的试点情况，统计了大量的相关数据，并对该制度的立法与司法发展前景作了一定程度上的展望，可以说论述丰满、颇有亮点。

本书在写作上格外注重理论与实践的紧密结合，可以说其既立足于办案实践，突出实用性，又尽可能全面收集、查阅有关文献资料，照顾到书稿的理论性；同时运用立法文本研究与实证主义研究相结合的方法，使本书的论证显得丰富而有说服力。此外，本书每一章节力求突出专题性，在总的主题之下分专题讨论问题，如此清晰而不松散，严密而不失流畅。

在具体实战技能及应对策略的探索方面，本书着力于解决我国简易程序在司法实践中的现实问题，紧紧围绕出庭压力增大等几个难点，在刑事诉讼各个环节、各个流程中探索简洁高效又不失精准妥当之检察工作机制，务求最大限度体现简易程序的核心价值——法治之下的效率！如采取专人出庭与承办人出庭相结合的综合出庭模式；在制作出庭预案、进行庭前沟通等方面简化庭前准备等。另外，本书对庭审时公诉人应对突发状况、对辩诉交易是否适合在中国推行、速裁程序试点的经验总结与制度性展望等也均有充分、到位的论述。

还值得指出的是，本书虽以解决基层检察机关在办理简易程序案件中的困扰为目的，却又不完全囿于这一视角，而是尽可能站位更高一些，以理论研究回应刑事法治现实之热点，即从我国现实国情出发，放眼于时下正在进行的司法体制改革，全面细致地论述了刑事简易程序的理论设想、现实落地与发展前景，旨在进一步探求促进我国刑事简易程序立法与司法制度的成熟和完善，进而推动我国司法体制改革日趋合理化、科学化。

最后，我还要特别推介一下本书的四位作者：1982 年出生的夏凉是浙江省奉化市人民检察院研究室副主任，黄攀峰是浙江省金华市人民检察院公诉二处副主任科员，卢大海是浙江省奉化市人民检察院侦查监督科副主任科员、检察员，四位中最年长的应敏骏是浙江省宁海县人民检察院办公室副主任。其中夏凉是我指导的博士生，我从他那里了解到其他几位作者的情况。他们都是 70 末、80 初的青年检察官，有共同的价值观，都热爱学习、阅读、思考与写作。他们定期聚在一起分享读书或办案体会，也常常利用休息时间结伴去参加刑法学术论坛和各种专题研讨会，可以说是检察业务的交流切磋使他们互相结识，是法学理论研究的共同兴趣爱好，使他们相互认同、彼此欣赏，所以说本书既是他们聪明才华的体现，也是他们友谊的象征。《论语》有云"君子以文会友，以友辅仁"，他们四位的关系在我看来是这句话的最好写照。我既为几位年轻人的聪明才华而高兴，更欣赏他们那种建立在共同专业兴趣基础上的同声相应和同气相求。当然，我也庆幸他们遇上了支持年轻人钻研学问、著书立说的好领导以及为他们写作本书而提供各种帮助的同事们。如果没有大家的支持帮助，本书也不可能顺利面世。

当然，本书也有一些不足，例如，对当下正在进行阶段性试点的认罪认罚从宽制度缺少必要的思考与阐释。这可能是因为时间上或者积累上不足的原因所致，但我更希望作者是想将其作为自己的下一本书的研究对象并早日推出具有更高水平的成果。

是为序。

齐文远

2017 年 4 月 8 日于北京

目　录

引　言

　　刑事案件的侦查起诉和审理判决需要耗费大量的司法资源及时间，而且由于普通程序耗时日久，如果每一起刑事案件都适用普通刑事司法程序来处理的话，那么将极大地耗费有限的司法资源，司法机关将因此而不堪重负，刑事诉讼参与人也将不胜其累。这一状况对于正当程序中有关不拖延处理案件的要求而言是不相符合的。[①]　正是基于这一司法困境之考虑，刑事简易程序便应运而生，而且得到了不断完善与发展。简易程序是公正与效率之间的妥协，是在不损害程序公正的基础上追求程序的效益性而产生的。本书将围绕刑事简易程序的基础理论与实战技能两大部分展开。

---

　　① 　杨宇冠、刘晓彤：《刑事诉讼简易程序改革研究》，载《比较法研究》2011年第 6 期。

第一章　刑事简易程序的基础理论

刑事简易程序有其理论渊源与发展历史，并以其特有的优势不断发展与完善。英美法系与大陆法系这两大法系均形成了其独有的刑事简易程序体系格局，而即使在同一法系内，各国在其立法与司法中所形成的刑事简易程序也是种类各异，各有其自身特色。

第一节　刑事简易程序的概念特征及历史流变

虽然各国关于简易程序的立法规定各异，且有其自身的立法轨迹与司法实践的发展脉络，但简易程序固有的概念与特征却是共通的。

一、概念特征

刑事简易程序简而言之就是简单容易的刑事诉讼程序，它是相对于普通审判程序而言的，一般是指法院审理第一审刑事案件依法适用的相对简化的审判程序。[①] 这是狭义的刑事简易程序的定义，广义的刑事简易程序还适用于侦查阶段和起诉阶段，它是指使刑事案件得到快速处理的一种特别程序。[②] 在国外由于简易审判比较廉价且省时，所以又被称为便宜起诉。当然，侦查阶段

---

① 陈光中、徐静村主编：《刑事诉讼法学》，中国政法大学出版社 2002 年版，第 287 页。
② 郑丽萍：《域外简易程序考察和评析》，载《社会科学战线》2014 年第 3 期。

从应然层面而言应确保事实清楚、证据充分，所以对于简易程序适用于侦查阶段，我们认为还有待于进一步探索与论证。另外，根据我国修改后《刑事诉讼法》的规定，刑事和解①（即修改后《刑事诉讼法》第五编第二章规定的当事人和解的公诉案件诉讼程序）也应包括在广义的简易程序之中。其原因在于：（1）在该程序中犯罪嫌疑人、被告人是真诚悔罪的，即其前提是自愿认罪的；（2）可能判处3年有期徒刑以下刑罚的，即所犯罪行较轻；（3）主观罪过较轻，如过失犯罪；（4）一般得到司法机关的从宽处罚，检察机关甚至可以作出不捕不诉的决定；（5）世界上不少国家亦将和解程序归为简易程序之范畴。所以从上述几方面来看，当事人和解的公诉案件诉讼程序基本符合简易程序的适用条件，可以适用简易程序作快速处理。

刑事简易程序有其自身鲜明的特点：（1）一般在基层司法机关适用；（2）所适用案件清楚简明、罪行较轻；（3）犯罪嫌疑人、被告人自愿认罪，并同意适用简易程序；（4）一般均为检察机关提出适用请求而经法院认可；（5）诉讼期限较短，部分诉讼环节、程序简化，不受普通程序规定之限制；（6）被告人一般可以得到较轻处罚。

刑事简易程序在刑事诉讼中的意义主要在于：（1）有利于提高办案效率，缓解检察机关、法院因采用控辩式审判所带来的受案压力；（2）是刑事案件繁简分流的要求，因此节省的司法

———————

① 刑事和解制度发端于20世纪70年代的西方资本主义国家，它是指在刑事诉讼过程中，被害人和加害人以认罪、赔偿、道歉等方式达成谅解以后，促使国家司法机关不再追究加害人刑事责任或者对其从轻处罚的一种案件处理方式。虽然我国学术界和实务界自2005年以来对该制度多有争执，但是其后还是得到了一定程度的认可、推广和有限的发展。自修改后《刑事诉讼法》颁布以来，该项制度最终得以确立。然而笔者始终认为一旦犯罪行为所侵害的法益较大，即使修改后《刑事诉讼法》以第277条第1项和第2项适用条件加以限制，其作为一项刑事制度存在的正当性根据还是难以探明，进而会导致诸如国家公权私法化、公诉部门角色淡化与丧失、刑事制裁刚性元素弱化、罪刑法定与无罪推定等刑法基本原则受到挑战、与"违法必究"这一社会主义法制建设的基本方针相背离等一系列问题。

资源可用于办理重大复杂疑难案件，可使办案力量的分配和使用趋于科学化和合理化；（3）有利于减轻当事人的讼累。[①]"迟来的正义非正义"即反映了当事人对刑事诉讼效率的迫切要求。

正是因为刑事简易程序具有普通程序所不具备的上述特点优势，所以它才会在历史长河中一直存在并不断演变、发展与完善。

二、历史流变

13 世纪英王始设地区治安法官署，这也是治安法庭的前身。治安法官的职能除了调解诸如侵犯和殴打纠纷造成的轻微罪行之外就是简易地处理轻罪犯，这也就是近代刑事简易审判程序的雏形。到了 18 世纪，快速简易审判已然在英国盛行起来。

真正近代意义上的刑事简易程序为英国所首创，约始于 1848~1949 年，经过 100 余年的发展，尤其是自 20 世纪中叶以来，许多国家和地区的刑事审判程序中都规定了类型多样、层次分明的简易程序。如以美国、英国为代表的国家在刑事诉讼中实行辩诉交易和有罪答辩，这构成了这些国家简易程序的一般画面。其中，1980 年英国制定出台了《治安法院法》，规定只要征得被告人同意，即可适用简易审判程序。

在英国治安法院进行的简易审判开始时，被告人对包含在被称为"控告文书"文本中所指控的罪行进行有罪或无罪的答辩。案件由地方司法官（又称"治安法官"）听审并决定，他同时决定事实和法律。[②]

美国的简易程序最早可以追溯到英王统治北美殖民地时期。1750 年以前设立在郡内的治安法院法官或地方法院法官审理轻

---

① 参见陈光中、徐静村主编：《刑事诉讼法学》，中国政法大学出版社 2002 年版，第 288 页。

② ［英］斯普莱克：《英国刑事诉讼程序》，徐美君、杨立涛译，中国人民大学出版社 2006 年版，第 4 页。

罪或轻微罪行，这些法院与市民接近，诉讼方便，且采用英国治安法院非正式的简易程序进行审理。① 美国的刑事简易程序体系包括轻微犯罪程序、刑事和解程序和辩诉交易程序。其中，其辩诉交易制度起源于 19 世纪，在南北战争之后变得越来越常见，而从 19 世纪末开始辩诉交易程序的适用率呈稳步增长趋势，以致在 20 世纪上半叶大有取代正式的审判程序之势。

　　而在欧洲大陆自德国首创刑事处罚令程序之后，其他诸国如法国、意大利等大陆法系国家则广泛采用这一依据卷宗材料所作出刑罚处罚的处罚令程序。② 刑事处罚令程序也是一种较为常见且主要的刑事简易程序，也就是对于轻微的刑事案件，卷宗中如果有充分的证据证明被告人有罪，预计被告人不表示反对，检察官则起草一份刑罚处罚令，与案卷材料一起移送给法官，由法官签发处罚令予以处理。③ 即经检方同意，法官只进行书面审并径行判决，不再开庭审理。

　　日本则在 1948 年 7 月 10 日的《刑事诉讼法》及同年 12 月的《刑事诉讼规则》中设立了简易命令或简略命令程序；于 1953 年《刑事诉讼法》修改时新增了简易公审程序；于 1954 年制定《交通案件即决裁判程序法》时设立交通案件即决裁判程序，并于 2004 年再度修订《刑事诉讼法》时新增即决审判程序。

　　我国台湾地区的刑事简易程序从 1967 年到 2009 年也历经多次修改，其适用范围有所扩大，简易程序种类亦日渐繁多。与普通程序相比，这些简易程序都显得更加简便、快捷。

　　刑事简易程序的出现与发展折射出诉讼及时、诉讼效益的观念，也突出了程序主体性理论，更是程序类型化原理的反映，有

---

　　①　[美] 斯黛丽·弗兰克：《美国刑事法院诉讼程序》，陈卫东、徐美君译，中国人民大学出版社 2002 年版，第 105 页。
　　②　陈光中、徐静村主编：《刑事诉讼法学》，中国政法大学出版社 2002 年版，第 288 页。
　　③　陈光中、徐静村主编：《刑事诉讼法学》，中国政法大学出版社 2002 年版，第 288 页。

其存在的必然性。① 我国 1979 年刑事诉讼法只规定了单一的审判程序，尚未有简易程序。1983 年全国人大常委会虽通过《关于迅速审判严重危害社会治安的犯罪分子的程序的决定》，确立了这一所谓的"速审程序"，然而却并非现代意义上的刑事简易程序。1996 年，我国全面修订《刑事诉讼法》，其中第三编第二章第三节（第 174～179 条）中设立了简易程序。根据我国当时《刑事诉讼法》的规定，只有基层人民法院可得适用简易程序，其他各级人民法院都不能采用简易程序。由此可见，只有那些事实清楚、证据充分的第一审刑事案件才能进入简易程序进行审理。② 1998 年最高法出台《关于执行〈中华人民共和国刑事诉讼法〉若干问题的解释》，对简易程序作出了多达 14 条的司法解释，详细规定了简易程序的具体操作；2003 年 3 月，最高法、最高检和司法部则联合颁布了《关于适用简易程序审理公诉案件的若干意见》，与此同时出台的《关于适用普通程序审理"被告人认罪案件"的若干意见（试行）》更是补充规定了普通程序简化审的审理模式，然而这一规定却招致"破坏法制统一、影响诉讼效率，使司法界无所适从"等诸多诟病。③ 鉴于这一现状，2012 年 3 月 14 日通过的《刑事诉讼法》在第三编第二章第三节（第 208～215 条）中对此作了统一规定，随后，最高检于 3 月 29 日出台了《关于进一步加强适用简易程序审理公诉案件出庭工作的通知》；④ 同年 10 月 16 日，最高检二次修订的《人民检察院刑事诉讼规则（试行）》获通过，其中第十二章第二节

---

① 刘根菊、李利君：《刑事简易程序比较研究》，载《比较法研究》2009 年第 5 期。

② 陈光中、徐静村主编：《刑事诉讼法学》，中国政法大学出版社 2002 年版，第 287 页。

③ 参见唐长国：《论我国刑事简易程序的正当性改造》，载《政治与法律》2009 年第 6 期。

④ 夏凉：《公诉人出庭简易程序的困境及应对》，载《人民检察》2013 年第 22 期。

（第465～471条）规定了人民检察院适用简易程序的具体规则；同年12月20日最高法出台《关于适用〈中华人民共和国刑事诉讼法〉的解释》，其第十二章共10个条文（第289～298条）对简易程序的规则适用作出了解释。

第二节　两大法系关于刑事简易程序的立法例

英美法系与大陆法系关于简易程序的立法有一定的相似之处，尤其是随着全球化进程的加快，两大法系也有互相吸收、融合彼此优点的趋势，但从目前来看，关于刑事简易程序的立法两大法系的差别还是主要的。下面笔者将着重介绍一下两大法系主要国家关于刑事简易程序的立法情况。

一、英美法系立法例

英国的刑事简易程序分为治安法院的简易审判程序和辩诉交易程序两种。值得注意的是，"简易审判"、"以控告书审判"和"由治安法官审判"这几个词常在同一含义表述层面被互换使用。在英国，简单罪案必须在治安法院审判，因此约有95％的刑事案件要在治安法院得到处理，而其中的75％的刑事案件又是按简易程序来审判的。简易审判的进行主要由《1980年治安法院法》来予以调整。1981年以前的案件，因为与1980年法案的条文解释或适用有关而被引用时，是基于相应的较早的立法。在治安法院审理的案件中，只要征得被告人同意，即可适用简易审判程序，被告人一旦作出认罪答辩，法庭便不再开庭质证而进行直接之判决。[1] 如果被告人作出无罪答辩，则法庭需要进行听

---

① 　陈光中、徐静村主编：《刑事诉讼法学》，中国政法大学出版社2002年版，第288页。

审，以对其作出有罪判决或使指控官撤销起诉。凡治安法院适用简易审判程序的案件最多可判处不超过 6 个月的监禁或不超过 5000 英镑的罚金；如果因两项及以上可任选罪行被定罪则最长可达 12 个月。但《治安法院法》第 42 条也规定了简易审判程序的排除适用的情况，即当对以前定罪的了解是基于在同一程序中对被指控者保释申请的裁决而得知的时候，治安法官不能再进行简易审判。皇室法院被牵涉到处理简易案件（非上诉案件）的唯一情形则是被告人在低级法院答辩或被认定有罪，然后根据《1967 年刑事司法法》第 56 条被移交量刑。《1988 年刑事司法法》对此规定有了一定的变通。但是简易指控本身必须总是并且毫无例外地与简易审判相衔接。①

在美国，其刑事简易程序主要可以分为司法官审理轻罪程序和辩诉交易②两种，其中前者适用于不超过 1 年的监禁、轻微犯罪案件以及此类案件的申诉案件。对于不超过 1 年监禁的案件适用简易程序需要征得被告人的书面同意，而其他案件只要法院开庭审判前，被告人作认罪答辩，法官确信这种答辩出于自愿，而且被告人懂得其后果和意义的话，一般情况下则不再开庭而对被告人径行科刑。在诉讼较轻微的罪行的过程中，刑事诉讼程序的各个阶段被明显压缩，显得非常简短。研究报告证明，案件平均大约两分钟内就被处理完毕。③ 而美国的辩诉交易（plea bargain）是最主要的一项诉讼制度，其适用范围相当广泛，约 90%的刑事案件（包括轻罪与重罪）是用辩诉交易制度来予以"消

---

① ［英］斯普莱克：《英国刑事诉讼程序》，徐美君、杨立涛译，中国人民大学出版社 2006 年版，第 166、190 页。

② 也有著作将其称为"答辩交易"，这是一项非正式诉讼程序，即指被告人、辩护律师和检察官之间积极谈判的这一答辩谈判的过程。参见 ［美］斯黛丽·弗兰克：《美国刑事法院诉讼程序》，陈卫东、徐美君译，中国人民大学出版社 2002 年版，第 45～46 页。

③ 参见 ［美］斯黛丽·弗兰克：《美国刑事法院诉讼程序》，陈卫东、徐美君译，中国人民大学出版社 2002 年版，第 278 页。

化"的,① 它是起诉方和被告方谈判、交涉的结果,被告人以作有罪答辩为交换条件,以求获得降格指控或减轻刑罚。② 在《布莱克法律辞典》中,其对辩诉交易的定义是:"辩诉交易是指在刑事被告人就较轻的罪名或者数项指控中的一项或几项作出有罪答辩,以换取检察官的某种让步,通常是获得较轻的判决或者撤销其他指控的情况下,检察官和被告人之间经过协商达成的协议。"③ 值得一提的是,检察官在辩诉交易中占据主导、控制地位,其对该项程序是否适用的决定权非常之大,就连法官也不能左右其决定,这集中体现了检察官的自由裁量权。此外,广义地讲,于 1994 年得到全美律师协会认可的刑事和解程序也属于美国刑事简易程序的范畴,这一制度自美国 1978 年引入加拿大的恢复性司法模式之后始得形成、确立,并最先被应用于少年司法体系,后来渐次扩展、覆盖到成年人犯罪以及一些重罪的适用之上。

《加拿大刑事法典》第 787 条设置了简易罪(summary conviction offences),其最高处罚标准为不超过 6 个月的监禁,或者不超过 5000 加币的罚金,或者同时处以不超过上述规定的两种刑罚。但近年来加拿大对一些简易罪,如侵犯人身罪、非法引起肢体伤害罪以及妨害风化罪的处罚提高至不超过 18 个月的监禁。④ 尽管加拿大 95% 的案件是通过辩诉交易、代替性惩罚和检察官撤销案件而告终结的,但是加拿大成文法与判例都没有明确赋予辩诉交易以合法性。⑤ 一直到了 1990 年加拿大最高法院审判

---

① 当然,这只是一个总的比重统计,其实美国各州对简易程序,包括辩诉交易的具体适用范围是有一定差异的,有些州的适用率就不是那么高。另有个别州和地区则完全禁止辩诉交易的适用或禁止辩诉交易适用于部分罪行。

② 陈光中、徐静村主编:《刑事诉讼法学》,中国政法大学出版社 2002 年版,第 288 页。

③ 陈光中、葛琳:《刑事和解初探》,载《中国法学》2006 年第 5 期。

④ 刘慧:《我国刑事简易程序的变化与作用》,载《北京警察学院学报》2014 年第 1 期。

⑤ 张建伟:《司法竞技主义——英美诉讼传统与中国庭审方式》,北京大学出版社 2005 年版,第 356 页。

R. v. Askov 案之后才将有罪答辩公开纳入刑事司法体系之中。

二、大陆法系立法例

意大利于 1988 年在其《刑事诉讼法》中规定了五种简易程序。（1）刑罚程序。该程序有点类似辩诉交易制度，它是依当事人的要求而适用刑罚的一种特别程序，即未提出适用简易程序申请的被告人和检察官，可以在一审听审前要求法官按其双方协议的刑罚种类和标准适用替代性刑罚或者减轻财产刑、监禁刑，而法官即以判决的形式确认双方协议的程序。（2）处罚令程序。这一程序的适用规则为：不经听审，只依据公诉人建议直接发布处罚命令，一般仅适用于财产刑（包括罚金易科自由刑），并且检察官可以要求法官将法定刑减轻一半。（3）快速审判程序。这是一种不经初步听审甚至不经初步调查即予以判决的特别程序。它适用于以下几种情形：①犯罪嫌疑人被当场逮捕后，检察官于 48 小时内直接将其带至法官处要求对之予以快速审判；②检察官有大量、充分证据证实被告人有罪事实，其要求法庭快速审判，且征得被告人同意的；③犯罪嫌疑人被当场逮捕，但其犯罪事实尚需进一步调查，而检察官在 14 日内要求法庭快速审判的；④被告人在讯问中彻底坦白，且控辩双方达成合意，双方同意适用快速审判程序的。（4）立即审判程序。是指在开始对犯罪进行调查的 90 日内，有充分证据证明被告人有罪，且被告人也已作出供述，这时检察官可要求法官免去初步听审程序，而由负责初步调查的法官决定适用的一项程序。（5）简易审判程序。在这种程序中法官不举行公开、正式的言词审判，仅审查检察官呈送的卷宗材料后即对被告人迅速作出判决。被告人及其辩护律师经检察官同意也可直接向预审法官提出适用这一程序的请求。①

---

① 郑丽萍：《域外简易程序考察和评析》，载《社会科学战线》2014 年第 3 期。

　　德国的刑事简易程序实际上均为特别程序，包括简易程序（也称"快速审判程序"）、处罚令程序和刑事和解程序。这些程序多为处理可能判处刑罚为 1 年以下自由刑的轻罪案件。其中，根据德国《刑事诉讼法》第 419 条的规定，快速程序（Beschleunigtes Verfahren）适用于基层法院管辖的轻罪案件。这些案件通常由基层法院的刑事法官独任审理，也可以由参审庭审理，且一般只处理案情简单或证据清楚，适宜立即审理的，可能判处 1 年以下监禁或剥夺驾驶权的案件。这一程序的启动须经检察官申请，在适用过程中简化了公诉提起的方式、传唤的时间以及庭审中的证据调查，也就是说，快速程序的适用条件是：（1）案件事实简单明了；（2）证据明确无争议，且能够证明犯罪嫌疑人有罪；（3）案件适合于立即审理。只要符合上述条件，根据德国《刑事诉讼法》第 417 条、第 418 条第 1 款和第 419 条第 1 款的规定，检察机关应当向法院提出适用快速程序审理的申请。这一程序规定从检察机关的申请送达法院至法院开始审理最长期间不得超过 6 周，并且在庭审中尤其简化了举证程序。然而，快速程序在实际应用中的范围却过于狭小。[①] 处罚令程序（Strafbefehls Verfahren）在德国简易程序乃至诉讼程序中占据主要地位，一般仅适用于较轻罪行，其"消化"了德国约 92% 的刑事案件。这一程序的适用须经检察官提出书面申请，由法官根据检察官所拟处罚令草案出具书面的处罚令。现行德国《刑事诉讼法》第 407 条至第 412 条对刑事处罚令程序作了较为详细的规定。由此可以看出检察官在整个处罚令程序中所处的核心、主导地位。处罚令科处刑罚的种类限定为：罚金、附保留处罚的警告、禁止驾驶、追缴、收缴、销毁、废弃、公布有罪判决以及针对法人或任何组织科处罚款；剥夺驾驶执照，但禁驾期不超过 2 年；免予刑事处罚。德国的和解程序一般在自诉程序的前提下启动，且一般

---

　　① 参见邵建东主编：《德国司法制度》，厦门大学出版社 2010 年版，第 320 ~ 321 页。

在自诉人与被告人之间进行。

法国的简易程序一般分为两种：简易审判程序和定额罚金程序。其中简易审判程序在法国的治安法院适用，在该程序中法官不需事先进行审理，而是只需作书面审理，不进行辩论，但是按照规定应当将案件决定送达检察院，以征求意见。如果检察院同意简易审理，那么法庭直接根据检察院的起诉签字和公诉书作出刑事裁定，或者是释放被告人或者是判处罚金，并将决定送达被告人，如1个月内无异议，该决定将被执行。此外，对于违警罪的初犯，因违警罪而产生的诉讼可以支付一笔定额罚金而撤销，这被称为定额罚金程序。① 另外，法国也在违警罪案件的简易程序中适用刑事处罚令程序，并且该程序仅适用于主刑为罚金刑或者5年以下监禁的自由刑，而排除对未满18岁未成年犯、虚假新闻罪、过失杀人罪、政治罪的适用。在这一程序的适用中，检察官享有很大的量刑建议权。

日本专门设有适用简易程序的简易法院，其《刑事诉讼法》中规定了四种简易程序，即简易命令程序、简易公审程序、交通案件即决裁判程序和即决审判程序。（1）简易命令程序。也称"简略命令"程序，这一程序规定在日本《刑事诉讼法》第六编的简易程序以及日本《刑事诉讼规则》第六编的简略手续中。实际上这一程序早在1913年便已设立，是当时日本借鉴德国刑事处罚令程序而设置的一项简易程序，之后几经更改完善，遂成如今模样。这一程序规定，在检察官发出请求的前提下，法庭可以对被告人处以罚金、罚款，还可并处缓刑、没收及其他附带处分。在日本，90%以上的刑事案件均是通过这一程序予以直接处理的。（2）简易公审程序。日本于1953年《刑事诉讼法》修改时增设了这一程序，即在检察官宣读起诉书后，被告人可作有罪答辩，法官在听取控辩双方意见后可以作出是否适用这一程序的

① 参见〔法〕皮埃尔·特鲁仕主编：《法国司法制度》，丁伟译，北京大学出版社2012年版，第140页。

裁定，但该程序不适用于可能判处死刑、无期或最低刑期为 1 年以上的惩役或监禁之罪的案件。（3）交通案件即决裁判程序。日本于 1954 年专门立法规定了这一程序，但该程序必须经检察官请求方可启动。（4）即决审判程序。这一程序为 2004 年日本《刑事诉讼法》修订时新增，其适用条件为案件事实简单、清楚、案情轻微，犯罪嫌疑人自愿认罪，并且是可能判处缓期执行及其以下刑罚的案件。该项程序一般在检察官提起公诉时一并向法庭申请适用。

我国台湾地区的刑事简易程序对适用范围、科刑限制、不宜适用建议程序等均作了明确规定。从纵向来看，台湾刑事简易程序的适用跨度与范围是相当大的，其从侦查阶段直至审判阶段，几乎涵括了诉讼的全过程，如在侦查阶段只要现存证据达到一定证明程度即可启动简易程序；侦查中只要被告人自白简易程序即可启用；在审前只要被告人认罪简易程序亦可适用。早在 1967 年以前，我国台湾地区"刑事诉讼法"在简易程序方面借鉴了德国的处罚令程序；1967 年我国台湾地区"刑事诉讼法"进行了全面修改，从刑事处罚令程序变为简易判决处刑程序；之后又经数度修改，最终扩大了刑事简易程序的适用范围，形成了现在刑事简易程序三元化的格局。我国台湾地区现行的刑事简易程序包括简易处罚程序（又称"简易判决处刑"程序）、简式审判程序以及协商程序。我国台湾地区借鉴德国、日本实行的"处罚令程序"，形成自己的"简易判决处刑程序"，即由检察官在提起公诉前提出声请，由法院不经开庭审理，直接判决处刑。因为细致的书面审以及必要的提审、传讯足以应对此类案件。对于这类案件开庭已经失去了意义，只是在浪费司法资源。[1] 当然，即使按照一般程序提起公诉后，若法院认为可以适用简易判决处刑

---

① 参见唐长国：《论我国刑事简易程序的正当性改造》，载《政治与法律》2009 年第 6 期；陈岚：《海峡两岸刑事简易程序之比较》，载《现代法学》2009 年第 5 期。

程序的，亦可启动该项程序。2003 年我国台湾地区修改"刑事诉讼法"时新增简式审判程序，规定被告人认罪且可能判处 3 年以下有期徒刑的案件可适用简式审判程序进行审理。① 该程序主要简化了庭审调查过程。1997 年我国台湾地区在简易程序中始设认罪协商制度，2004 年再次修改完善了这一程序，建立了自己的独立的协商程序。

再看我国大陆地区的简易程序。我国于 1996 年《刑事诉讼法》第一次全面修订时始设真正意义上的简易程序，而自 2012 年 3 月《刑事诉讼法》修改后于第三编第二章第三节（也即第 208 条至第 215 条）对简易程序作了补充与完善，明确了简易程序的适用主体、适用范围、适用形式、期限、排除适用的情形以及人民检察院的建议权等内容。从广义上讲，我国的简易程序应当包括简易程序、刑事和解和速裁程序三类，但是这并不代表我国简易程序实行的是二元制或三元制格局。首先是因为我国关于刑事和解程序的规定最终导向简易程序的轨迹；② 其次，我国刑事案件速裁程序虽然已于 2014 年 6 月在全国 18 个城市、地区试点，各地区亦对此作出了大同小异的具体操作规定、解释，但最终也无一例外地将之导入《刑事诉讼法》关于简易程序的操作模式。所以我们认为我国实行的仍是一元制的简易程序格局。

在欧陆日本等大陆法系国家，其中有不少简易程序是共有或相似的，如简易审判程序、快速审判程序以及处罚令程序，而且不少国家的刑事简易程序均呈多元化态势发展。但需要指出的是，在不少发达国家和地区仍只是例外、有限、谨慎地将简易程序扩大到一定的范围。我们之所以看到日本、欧美国家简易程序适用于轻微刑事案件的比例那么高，其中一个很重要的原因在于这些

----

① 转引自谭世贵、徐黎君：《刑事简易程序的多元化建构》，载《浙江工商大学学报》2012 年第 1 期。

② 也就是说，按照我国目前的刑事诉讼的制度设计，刑事和解制度发挥其作用的最大空间仍是在简易程序之中。

发达国家中很多被确定为刑事犯罪的案件在我国看来只是违反了《治安管理处罚法》等行政法规、规章而仅被处以行政处罚。

三、关于重罪排除适用简易程序的规定

在适用范围方面，世界上许多国家与地区的刑事简易程序的适用范围均较明确，且大多均排除对严重犯罪的适用，这也是共性。1994 年世界刑法学协会第十五届代表大会在《关于刑事诉讼法中的人权问题的决议》第 23 条中就指出："严重犯罪不得实行简易审判。"[①]

一般情况下，各国均排除对重罪适用简易程序已成为一项传统，如英国简易程序只适用于简易罪和部分较轻的可诉罪，包括诈骗、盗窃、夜盗、破坏等轻微财产犯罪和轻微伤害案件，但英国的辩诉交易则既可适用于较轻犯罪，也可适用于严重暴力犯罪。美国早在 1750 年以前英属北美殖民地时期就规定治安法院或地方法院对重罪被告人仅有预审权，而无权听审涉及死刑的案件，也就是说其简易程序并不适用于严重罪行。但是辩诉交易有时也会适用于一些重罪案件，如普通夜盗、普通殴打等，其中的明示交易显然多于默示交易。

德国的快速审判程序、处罚令程序和刑事和解程序一般多排除对重罪的适用，但其《刑事程序中的协商规定》则适用于重大、疑难案件，而非轻微、常见型的案件，并且该项协商一般仅能在法官与辩护人之间进行。意大利刑事简易程序中的依当事人要求适用刑罚程序和处罚令程序同样也仅适用于罪行、刑罚较轻的案件，而排除对重罪的适用。其简易审判程序也排除对可能判处无期徒刑以上的案件的适用。日本的简易公审程序即明确排除对可能判处死刑、无期惩役、无期监禁、最低刑期 1 年以上惩役或监禁案件的适用。

---

① 刘根菊、李利君：《刑事简易程序比较研究》，载《比较法研究》2009 年第 5 期。

在我国台湾地区，曾明确了简易程序的适用范围，即刑事简易程序仅适用于有可能被判处缓刑、得易科罚金之有期徒刑、拘役、罚金的案件，同时明确排除适用简式审判程序及协商程序的情形，即有可能被判处死刑、无期徒刑、最轻本刑为 3 年以上有期徒刑之罪或高等法院管辖的一审案件。但是之后经数次修法已无此项规定，也就是除了强制辩护案件之外，地方法院管辖的一审案件均可适用简易程序。

我国大陆地区则规定排除对"有重大社会影响的"案件适用简易程序。

第三节　刑事简易程序的适用种类

从上文内容可知，世界各国简易程序种类繁多，名目各异，以下我们仅选择主要的，并具有典型性的几个简易程序作一详细介绍，而不再作全面的一一例举。

一、辩诉交易

被告人对自己的犯罪事实作供认式答辩，而换取司法官对其的宽恕、怜悯和让步，一般表现为简化诉讼程序、减轻量刑处罚甚至是终止或驳回指控、宣告无罪等有利于自身的诉讼结果，这一对等补偿、以彼换此的程序形式被称为"辩诉交易"。辩诉交易一般只是在检察官和辩护律师之间进行，这是通常的概念，尤其在美国更是如此。但是在英国，辩诉交易（或称"答辩交易"）至少在四重意义上使用，其不确定性有时很难使人再认为它是属于简易程序的范畴。一般认为，辩诉交易的产生源自司法实务工作者不断增加的案件工作量及其压力。由于这一制度源于民事诉讼，带有明显的民事色彩，所以自其引入刑事程序以来就备受争议。在美国，关于辩诉交易制度的优劣存废问题的激烈辩论还将持续下去。

　　实际上，除了英美法系国家外，有些大陆法系国家的简易程序中亦有辩诉交易的影子，这里我们对英美法系国家的辩诉交易制度不再作过多论述，而对比较典型且具有自身特色的意大利辩诉交易制度作一介绍。意大利是欧洲大陆法系国家中首个系统引入辩诉交易制度的国家，在此之后，德国、法国也相继引入了与之类似的协商性司法制度。其中，德国称之为"刑事协商制度"，而法国则称之为"庭前认罪答辩制度"。作为根据双方当事人协议适用量刑的刑事特别程序，意大利辩诉交易程序是处理刑事案件普通程序的替代性方式，其不同于英美法系的辩诉交易制度，也不同于德国、法国的协商性司法制度，而有其自身的鲜明特色。1988 年意大利《刑事诉讼法》第 444 条至第 448 条规定了这一程序：在正式审判开庭陈述之前，被告人和检察官可以通过协商就量刑达成刑罚交易的协议，被告人可以获取减轻的不能超过 2 年监禁刑的刑罚。适用该程序的前提是被告人放弃充分的正式庭审审判的权利，而将其与检察官之间的协议书提交给审判法官进行核准；检察官则同意给予被告人最高 1/3 的减轻刑罚。随后，审判法官以书面形式对侦查卷宗、双方协议以及协议刑罚进行庭外审核。审判法官仅须保证所递交的证据能够避免无罪的人受到有罪判决足矣，因此其不需要对所有证据进行具体评析。但是，为保证记录中没有清晰表明无罪的情况出现，审判法官要对侦查卷宗进行快速的最低程度的审查。此外，审判法官还应当核准协议中的刑罚是否适当。[①] 该项制度引入的目的在于：（1）解决大量积案；（2）实行繁简分流、提高诉讼效率。值得注意的是，意大利的辩诉交易制度是在简易程序未予适用的情况下为补救普通程序的烦琐、低效而设立的一项制度，所以从狭义上而言，其属于独立于简易程序之外的一套制度，但从广义上而言，其仍可归属于简易程序的范畴，这从意大利辩诉交易的程序

---

　　① 陈超：《比较法视野下的意大利辩诉交易制度》，载《人民司法》2014 年第 19 期。

特点及其引人的目的可以得知。

2003 年 6 月 12 日，意大利议会通过第 134 号法令，对与辩诉交易程序有关的法条内容进行了专门的修改。其第 134 号法令第 1 条第 1 款规定：被告人和检察官可以向法官提出按照协议要求和标准适用替代性刑罚或减轻 1/3 的财产刑，或者适用监禁刑，只要根据具体情节并在减少 1/3 刑罚后该监禁刑不超过单处或与财产刑并处的 5 年有期徒刑或拘役即可。该修改规定由原来的减少 1/3 刑罚后判处最高监禁 2 年有期徒刑扩展至现在的最高 5 年有期徒刑，适用法定刑期则达至 7 年零 6 个月，由此扩大了这一程序适用案件的范围。[①]

二、有罪答辩

一般而言，有罪答辩被认为是对构成指控犯罪所必要的一切基本事实的承认，它意味着对审判权的放弃，检察官据此便不再负有证明被告人有罪的责任，而法院不必进入庭审程序便可直接量刑。但是法院必须确认被告人的有罪答辩是出于其本身的自愿性，并且其了解这一程序的性质及其后果。

在大陆法系国家，有罪答辩这一简易程序是有别于辩诉交易制度而独立存在的，因为一些欧陆国家并未设立真正意义上的辩诉交易制度，而仅仅是借鉴了英美法系的辩诉交易制度而设立了有罪答辩这一简易程序。从全球范围来看，有罪答辩与辩诉交易的区别主要在于：有罪答辩的简易程序多适用于轻罪；而辩诉交易除了适用于轻罪外有时也可适用于重罪。在美国，若从司法实践来看，其实二者并无显著区别，但从概念、范畴等理论上来说，二者还是存在一定细微差别的：有罪答辩并不一定是辩诉交易的产物，它还可以成为审理轻罪程序的一部分，但有相当一部分有罪答辩属于辩诉交易的范畴。实际上，辩诉交易的适用范围

---

① 陈超：《比较法视野下的意大利辩诉交易制度》，载《人民司法》2014 年第 19 期。

要远大于有罪答辩，比如，辩诉交易的内容涵括了被告人作出不利于其他共同被告人的证言，或者以其他方式配合检察官指挥下继续进行的侦查等。再如，辩诉交易中有明示交易和默示交易，其中默示交易中检察官和被告方不对以有罪答辩作交换的让步作专门讨论，而代之以对这些被告人愿意在有罪答辩的案件中让步作为常规事项而给予关注或讨论。[①] 这样看来就比一般的有罪答辩更进一步，因此或可直接省去有罪答辩程序的启动环节。也就是说，即使是在美国，如果辩诉交易谈成了，则进入有罪答辩模式；如果没谈成，则进入正式起诉程序。而如果选择默示交易，则省去有罪答辩环节，直接进入辩诉交易的终局性谈判或处理。可以说有罪答辩仅仅只是一项程序，而辩诉交易却是一整套庞大的制度。

在英国，大量的轻微简易罪行通过邮件的方式答辩有罪而被解决，这一程序尤其适合道路交通犯罪。在美国，大多数刑事案件通过有罪答辩而被解决。这一程序在美国的诉讼体系中居于主要地位已经有一个多世纪。为促成有罪答辩，检察官忙于谈判或案件的和解。90％以上的刑事案件被告人答辩有罪，但各辖区之间存在一些差异。至于谈判方式也各不相同。有时，一些首席检察官会指派、允许其助理检察官去进行谈判，同时对这一过程进行控制。刑事案件的谈判其目的是在审前达成和解，这也是检察官工作的常规部分。这样的谈判可以在诉讼的任何一个阶段、任何一个时候进行。[②]

在欧陆，法国于 2004 年 3 月 9 日设立了庭前认罪答辩程序，但其适用范围十分狭窄，仅仅适用于主刑为罚金刑或者 5 年及以下监禁刑的犯罪，还将未满 18 岁之未成年人所实施的犯罪、虚

---

① ［美］斯黛丽·弗兰克：《美国刑事法院诉讼程序》，陈卫东、徐美君译，中国人民大学出版社 2002 年版，第 384 页。

② 参见［美］斯黛丽·弗兰克：《美国刑事法院诉讼程序》，陈卫东、徐美君译，中国人民大学出版社 2002 年版，第 203～204 页。

假新闻罪、过失杀人罪（而非过失伤害罪）、政治罪、追诉程序由专门法律进行规定的犯罪（如税收方面的犯罪）等排除在外。司法实践中，案情过于简单的案件一般也不适用庭前认罪答辩程序。在法国，控辩双方均有权提出适用庭前认罪程序的建议，但检察官处于主导地位，法院必须尊重检察官的程序要求。在适用该程序之前虽然没有关于检察官与辩护律师协商的规定（2004年9月2日司法部通告专门将其排除），检察官在作出量刑建议时也不必参考辩护律师的意见，无须征求被告人的意见，更无须经过事先讨论，但是在实践中双方确实会对量刑进行协商，并且适用庭前认罪程序的请求也仅能在庭审前提出。①

三、刑事协商

刑事协商主要是指司法官与辩护方及其他诉讼参与人就轻微犯罪诉讼进程和结果进行协商，以被告人偿付一定对价为条件对其作出从宽的司法处理。

20世纪80年代，德国引入了类似于美国的辩诉交易的刑事协商制度，并在1997年德国联邦最高法院的一次判决中得到了司法实践的认可。2009年5月28日，《刑事程序中的协商规定》获德国联邦议会通过，于是该项制度在随后几个月内迅速予以法典化。在德国，广义的刑事协商程序分为起诉协商、判决协商和自白协商。1974年德国修订《刑事诉讼法典》增设第153a条，其规定了起诉协商制度，它是指对于轻微犯罪案件，在不违反公共利益的前提下，检察官可以经过有管辖权的法院同意后决定附条件不起诉。判决协商也即狭义的刑事协商，主要指法院和其他诉讼参与人对诉讼进程和结果进行协商，以争取对诉讼各方尤其

---

① 陈超：《比较法视野下的意大利辩诉交易制度》，载《人民司法》2014年第19期。

是被害方和被告方有利的结果。[①] 其一般以处罚令程序来实现协商的结果。自白协商是指在被告人认罪的案件中，诉讼双方就具体事项（主要是针对被告人的量刑）进行协商，若控辩双方均同意法官的提议，则协商成立。在这一过程中法官往往占据主导地位。

我国台湾地区于 1997 年"刑事诉讼法"修改时在其简易程序中引入了认罪协商制度，它是简易判决处刑的补充制度，主要是指"依侦查中被告人之自白，已足以认定其犯罪的案件，由被告请求检察官提出声请，检察官同意的，以被告之表示为基础，向法院求情或为缓刑宣告之请求"[②] 的一项程序；同时还规定凡经认罪协商处理的案件有不得上诉之效力。彼时我国台湾地区的协商制度为借鉴德国刑事协商制度之产物，其与 2004 年修法确立的认罪协商制度有所区别。2004 年我国台湾地区"刑事诉讼法"修改时借鉴美国辩诉交易制度在其"刑事诉讼法"第七编新增协商程序，规定只要检察官与被告人就科刑达成合意，并由检察官提出声请，即可减轻对被告人的处罚，但是被告人原则上不能上诉。

---

① 对被害人而言，主要是争取一定的物质补偿；对被告人而言，主要是争取量刑上的宽大处理。

② 刘蕊：《我国大陆地区与台湾地区刑事简易程序之比较研究》，载《广西政法管理干部学院学报》2013 年第 4 期。

第二章 我国刑事简易程序的法律分析与实证研究

在本章中，我们将对我国刑事简易程序的历史发展脉络作一简单回顾，并着重对我国现行刑事简易程序作一立法文本上的法律分析与司法运行上的实证研究，针对分析所得问题，寻求解决对策、措施。

第一节 我国刑事简易程序的立法发展

简易程序是当代司法公正内涵不断扩张、刑事案件数量逐年上升、司法资源相对短缺之间作相互对立、矛盾运动而生成的产物，[①] 是司法公正和效率相互妥协的结果。我国刑事简易程序顺应时代发展需要，经历了从无到有，从不规范到逐渐完善，从形式单一到形式多样的这么一个发展变化的过程，并随着社会进步而不断完善、丰富。我国刑事简易程序的建立健全有利于社会治理能力的提高，是推动社会治理能力现代化的重要体现之一。

一、1949 年前的立法概况

新中国成立前，"马锡五审判方式"就有简易程序的影子，其具有简易程序的重要特点：手续便捷、形式简明，便于群众参与诉讼，结案迅速，解决问题高效。这种审判方式虽然简洁明

---

① 刑事简易程序研究课题组：《刑事简易程序扩大适用问题研究》，载《华东政法大学学报》2011 年第 3 期。

了，但不属于也不能视为现代意义上的简易程序。实际上，民国时期刑事简易程序多以单行立法的形式出现，但之后也曾正式引入刑法典。

二、1949～1979 年的立法概况

新中国成立初期，也就是 1949 年至 1956 年，我国立法虽有发展，但无论从立法理论来看还是从立法技术来看都显稚嫩甚至落后，是为不成熟、不完善的初创期，彼时尚无制定《刑事诉讼法》，也就无刑事简易程序之说；1957 年至 1978 年，我国立法出现停滞、失败乃至严重倒退的局面，是为立法重大挫折期，因此亦未填补新中国成立前 7 年的立法空白。[①] 直至 1979 年，我国立法进入新的转折期，但当时制定的第一部《刑事诉讼法》仅确立一种审判模式，对犯罪不分情节轻重、危害大小、案情繁简，统一适用普通程序进行审理，其中第 105 条规定了基层人民法院、中级人民法院审判第一审自诉案件和其他轻微的刑事案件可以由审判员一人独任审判。

三、1980～1995 年的立法概况

20 世纪 80 年代，"第四次犯罪高峰"来临，出于从快从重打击犯罪，迅速解决社会治安面临的各种积弊和难题的考虑，"严打"程序应运而生。1983 年 9 月全国人大常委会通过《关于迅速审判严重危害社会治安的犯罪分子的程序的决定》，这一"速决程序"在实践中又被称为"从重从快程序""严打程序"，而被一些学者视为我国最早的简易程序。其中规定：对杀人、强奸、抢劫、爆炸和其他严重危害公共安全应当判处死刑的犯罪分子，主要犯罪事实清楚，证据确凿，民愤极大的，应当迅速及时

---

① 参见周旺生：《中国立法五十年（上）——1949～1999 年中国立法检视》，载《法制与社会发展》2010 年第 5 期。

审判，可以不受《刑事诉讼法》第 110 条规定的关于起诉书副本送达被告人期限以及各项传票、通知书送达期限的限制；上诉、抗诉期限也由《刑事诉讼法》规定的 10 天改为 3 天。对此，陈瑞华教授认为："尽管没有人明确对此加以定性，但这一'速决程序'实际上就是中国的刑事简易程序"。① 这种速决程序通过缩短诉讼期限和限制被告人辩护权、上诉权等方式提高诉讼效率，虽对维护社会稳定起到一定积极作用，但却忽视了被告人的权利保障。所以尽管有法律的规定，但由于缺少对司法人员行为的限制，使所谓"依法从重从快"并不能在法治的轨道上运行。各地在"严打"的强大声势之下，产生了一些冤假错案，罪责刑相适应的刑法原则也受到挑战。② 20 世纪 80 年代末，有鉴于"速决程序"所带来的消极影响，不少学者呼吁废除这一程序，而建立一项专门的、健全的刑事简易程序。

四、1996～2011 年的立法概况

1996 年 3 月，我国以打击犯罪与保障人权的立法思想为指导，对《刑事诉讼法》作了全面修改，刑事简易程序始得设立。《刑事诉讼法》第 174～179 条规定，简易程序只适用于基层人民法院；简易程序所适用的案件，必须是犯罪事实较轻并且案件事实清楚、证据充分的第一审刑事案件；同时也明确了唯一不能省略的是被告人的最后陈述权。简易程序的设立对于保障当事人的诉讼权利、减轻当事人的诉累、提高刑事诉讼效率、实现司法资源合理配置、保证法院及时有效审理案件均产生了积极的影响，同时也遵循了诉讼经济的原则，使我国的刑事诉讼朝着经济高效的方向健康发展。1996 年《刑事诉讼法》对简易程序的规定虽仅有 6 条，却抓住了效率价值的核心：一是审判组织简化，

---

① 陈瑞华：《刑事诉讼的前沿问题》，中国人民大学出版社 2000 年版，第 418 页。

② 高一飞：《程序超越体制》，中国法制出版社 2007 年版，第 268 页。

采用独任审判制，减少了司法成本投入；二是控诉职能简化，人民检察院可不派员出庭；三是庭审方式简化，适用简易程序审理案件，可不受《刑事诉讼法》关于讯问被告人、询问证人、鉴定人、出示证据、法庭辩论程序的限制，避免了对事实清楚、证据充分的刑事案件进行冗长刻板的举证、辩论；四是审理期限缩短，适用简易程序的案件，人民法院应在受理后 20 日内审结，无疑具有缩减诉讼成本、提高诉讼效率的重要意义。

1998 年最高法出台《关于执行〈中华人民共和国刑事诉讼法〉若干问题的解释》，其中关于简易程序的规定多达 14 条，并增加了不适用简易程序的情形。在北京市海淀区检察院和海淀区法院关于对刑事普通程序简化审的创新取得良好效果后，2003年 3 月 15 日，"两高一部"又联合下发了《关于适用普通程序审理"被告人认罪案件"的若干意见（试行）》和《关于适用简易程序审理公诉案件的若干意见》，开始推行"被告人认罪案件"普通程序简化审制度。这两个司法解释突破了原先设定的审理模式，形成了简易程序与"被告人认罪案件"简易审并存的局面。但是这一规定却招致如前文所述的"破坏法制统一、影响诉讼效率，使司法界无所适从"等诸多诟病，并且各级检察院、法院的刑事司法官们仍不堪案件重负，立法所设计的仅适用于可能判处 3 年以下有期徒刑的案件的简易程序呈现出一定的局限性。有鉴于此，2006 年 12 月 28 日，最高检第十届检委会第六十八次会议通过了最高人民检察院《关于依法快速办理轻微刑事案件的意见》，根据宽严相济的刑事政策对一些特定群体，如未成年人、老年人犯罪的案件作出了适用快速办理程序的具体规定。

五、2012 年至今的立法概况

2012 年 3 月 14 日《刑事诉讼法修正案》发布，其第 208 ~ 215 条整合了 1996 年《刑事诉讼法》和已有司法解释的有关规定。同年 3 月 29 日，最高检亦出台了《关于进一步加强适用简易程序审理公诉案件出庭工作的通知》以与之相配套。同年 9 月 6 日，最高检公诉厅印发《关于办理适用简易程序审理的公诉案件座谈会纪要》，对检察机关办理适用简易程序审理的公诉案件进行指导，并提出各地可以结合本地实际对办案模式作进一步探索。[①] 同年 10 月，最高检对《人民检察院刑事诉讼规则（试行）》作了相应修改。同年 12 月 20 日，最高法颁布了最高人民法院《关于适用〈中华人民共和国刑事诉讼法〉的解释》，在第十二章以其 10 个条文的内容对简易程序的规定作了解释。

第二节　现行刑事简易程序的法律分析

　　诚如有学者所说："刑事简易程序真正生命力的源泉在于，大幅度提高诉讼效率是在确保或者基本确保诉讼公正的前提下达成的。而确保或者基本确保诉讼公正的关键是维持诉讼程序公正的基本格局。"[②] 那么维持简易程序生命力的公正的基本格局又是如何的呢？试让我们对此作一具体的法律分析。

一、刑事简易程序的适用条件

（一）案件事实清楚、证据充分

　　适用简易程序的首要条件当是事实清楚、证据充分。这正如台湾学者林钰雄所说，声请简易判决处刑所要求的嫌疑门槛，比提起一般公诉所要求之嫌疑程度更高，而不是更低。[③]
　　如果说与定罪量刑有关的案件事实、犯罪情节均清晰、完

---

　　① 张和林、严然：《简易程序案件办案模式研究》，载《人民检察》2013 年第 17 期。
　　② 马贵翔：《刑事诉讼结构的效率改造》，中国人民公安大学出版社 2004 年版，第 171 页。
　　③ 林钰雄：《刑事诉讼法》，中国人民大学出版社 2005 年版，第 202 页。

整，令人看后能够明白发生了什么，如何发生的，那么就应当是属于案件事实清楚的情形。实务中，多种实物证据均被转化为书面证据材料或视听资料，如照片、录像、笔录等，检察官和法官通过审阅卷宗中所载明的证据进行案件事实的判断、推定，并最终形成一种法律确信。而卷宗在移送法院之前，已经检察官全面严格审查，一般情况下从形式上都能达到法律事实清楚的要求。

如果一个案件与定罪量刑有关的事实、情节均有相应的证据予以证明的话，那么就应当是达到了证据充分的条件。这也是"证据充分"需要达到的一个前提性条件；其次是这些证据之间没有矛盾，且可以排除所有的合理怀疑；再次是这些证据可以形成完整的证据链，且最终指向的都是同一个犯罪事实或情节。

需要指出的是，证据首先要从法律形式上达到确实充分，排除伪造证据、有矛盾的证据，并补正有瑕疵的证据。一个合格的检察官首先要审查侦查机关移送的案件卷宗，保证卷宗中所列明的证据达到形式上充分的标准，再进行实质内容上的审查。直至经庭审质证后，若被告人对所出示证据无异议，则所列证据均可采纳。

（二）被告人自愿认罪

我国修订后《刑事诉讼法》第 208 条第 1 款第 2 项规定，"被告人承认自己所犯罪行，对指控的犯罪事实没有异议的"，这也是简易程序适用条件之一。这里所谓的"罪行"指犯罪行为，即符合我国现行刑法规定的、构成某一罪名的、行为人基于其意识、意志支配下的外部举动；所谓"犯罪事实"，指符合刑法规定的、构成某一罪名的事件的真实情况。[①]

人均有趋利避害的心理，被告人自愿认罪有多种因素，或出于真诚悔过，或因案件证据确凿无法狡辩，或试图以认罪来换取较轻处罚，但也不能排除出于对暴力取证或变相威胁的恐惧心理而"自愿认罪"的可能，如一些冤假错案中的被告人"自愿认

① 刘建烨：《公诉案件简易程序初探》，载《中国检察官》2012 年第 12 期。

罪"。所以适用简易程序首先要达到案件事实清楚、证据充分，这也是对"被迫认罪""虚假认罪"的一种限制与预防措施。

"自愿认罪"必须是在没有刑讯逼供和变相威胁恐惧下的认罪，被告人认罪是在了解足够信息基础上所作出的选择，即被告人了解自己被指控的罪名，清楚认罪与不认罪的法律后果，在理性的支配下出于自愿所作出的选择。如果被告人有合理的抗辩理由否认自己所犯罪行，或对指控的犯罪事实提出异议，那就不能适用简易程序。

（三）适用简易程序的主体条件

适用简易程序除了符合前述两项条件外，根据我国修订后《刑事诉讼法》第 208 条第 1 款第 3 项的规定，还必须有"被告人对适用简易程序没有异议的"这一条件。根据第 208 条第 2 款的规定，人民检察院在提起公诉的时候，可以建议人民法院适用简易程序。

当然，法院在审查案件时发现案件情况适合简易程序审理而检察院未提出适用简易程序的，也可以在征得检察院、被告人及其辩护人的同意后适用简易程序进行审理。根据我国修订后《刑事诉讼法》第 211 条规定，审判人员在适用简易程序开庭审理刑事案件时，还要当庭询问被告人对被指控的犯罪事实及罪名的意见，告知被告人适用简易程序审理的相关法律规定，核实其是否自愿认罪并同意适用该程序。此外，如果法院认为检察院对适用简易程序的建议不符合法律要求或不能保证审判质量的，有权不予同意。

综上，简易程序只有经检察院、法院及被告人达成一致的适用意见时方可适用。当然需要指出的是，根据我国修订后《刑事诉讼法》第 208 条第 1 款的规定，只有基层法院在第一审程序中可以适用简易程序，第二审程序、死刑复核程序和审判监督程序则均不适用。

若以保障被害人合法权益，落实被害人刑事诉讼主体地位为着眼点或出发点，对检察机关建议适用简易程序的，除依法听取被告人及辩护人的意见外，还应当听取被害人及其诉讼代理人的意见，被害人及其诉讼代理人对检察机关建议适用简易程序无异议的，可以提出适用简易程序的建议；若对检察机关建议适用简易程序而被害人及其诉讼代理人有异议且理由正当或成立的，则检察机关就不应再坚持提出适用简易程序的建议；反之，若对检察机关建议适用简易程序而被害人及其诉讼代理人有异议但却不能提出正当理由或理由不能成立的，检察机关则可以坚持提出适用简易程序的建议。

（四）排除适用的情形

我国修订后《刑事诉讼法》第 209 条规定了不适用简易程序的几种情形，以实现对程序公正的保障：（1）被告人是盲、聋、哑人，或者是尚未完全丧失辨认或者控制自己行为能力的精神病人的；（2）有重大社会影响的；（3）共同犯罪案件中部分被告人不认罪或者对适用简易程序有异议的；（4）其他不宜适用简易程序审理的。

2012 年 11 月 22 日公布的《人民检察院刑事诉讼规则（试行）》第十二章第二节第 466 条在修订后《刑事诉讼法》的基础上新增两种排除适用简易程序的情形：（1）比较复杂的共同犯罪案件；（2）辩护人作无罪辩护或者对主要犯罪事实有异议的。

2012 年 12 月 20 日颁布的最高人民法院《关于适用〈中华人民共和国刑事诉讼法〉的解释》第十二章第 290 条在修订后《刑事诉讼法》的基础上也增加了两种排除适用简易程序的情形，即（1）辩护人作无罪辩护的；（2）被告人认罪但经审查认为可能不构成犯罪的。

二、犯罪嫌疑人或被告人权益保障

（一）知情权

简易程序中被告人的知情权是指被告人有知道和了解自己被指控的犯罪的内容和有罪证据的权利。这是一种不可剥夺的最基本的程序权利，这也是被告人决定是否放弃接受正式审判而选择简易程序的权利，更是被告人行使辩护权和其他基本程序权的基础。① 基于这一基本诉讼原理，检察机关在提起公诉的时候，应将起诉书送达法院，法院将起诉书副本送达被告人，被告人即可通过起诉书获知被指控的罪名，这样即使被告人没有委托辩护人，也至少能知晓自己涉嫌的罪名，对自己的案件基本情况有一个基本的了解。

根据我国修订后《刑事诉讼法》第170条的规定，检察机关在办理案件过程中，为确认犯罪的基本事实，应当讯问犯罪嫌疑人，以核实相关信息，补充相关证据，同时听取辩护人、被害人的意见。检察人员在提讯时应一并告知犯罪嫌疑人适用简易程序的法律规定及相关结果，并听取犯罪嫌疑人对适用简易程序审理的意见，我国部分地区，如湖南省岳阳市检察机关制作《简易程序案件权利义务告知书》《适用简易程序听取犯罪嫌疑人意见书》，告知犯罪嫌疑人适用简易程序审理的法律后果，并确认其是否同意适用简易程序，② 这就属于保障犯罪嫌疑人知情权的一种有益探索。

（二）选择权

根据最高人民检察院《人民检察院刑事诉讼规则（试行）》第467条的规定，基层人民检察院审查案件，认为案件事实清楚、证据充分的，应当在讯问犯罪嫌疑人时，了解其是否承认自己所犯罪行，对指控的犯罪事实有无异议，告知其适用简易程序的法律规定，确认其是否同意适用简易程序。根据我国修订后《刑事诉讼法》第211条的规定，审判人员在开庭审理之初也应当在询问被告人对指控的犯罪事实的意见以及告知其适用简易程序审理的法律规定后，确认被告人是否同意适用简易程序审理，

---

① 高一飞：《不能简化的权利——评刑事简易程序中的国际人权标准》，载《现代法学》2002年第4期。

② 李俊：《简易程序案件出庭情况实证分析》，载《人民检察》2014年第17期。

由被告人在理解并经理性思考的基础上作出真实的意思表示，选择或不选择适用简易程序。如果被告人在庭审过程中明确表示不同意适用简易程序，则此时的简易程序就失去了适用基础，应转为普通程序进行审理。如果适用简易程序会出现影响审判公正的可能，则当属"不宜适用简易程序审理"的情形，此时被告人就有请求获得正式审判，即普通程序审判的权利。当然，被告人在诉讼过程中也不可随意要求将简易程序变更为普通程序，其必须在法院判决前以口头或者书面形式明确表示变更程序意向并说明理由，检察机关和法院在得知被告人有该意向后应当尊重被告人的选择并告知其相应的法律后果。这种情况下虽然在一定程度上增加了程序上的额外负担，但从整体上看，如果不允许其变更程序，则被告人认为适用的程序使自己受到了不公正的对待，一审判决后其上诉的可能性就增大。我们认为，被告人的程序选择权不能是无限制的，在简易程序变更为普通程序之后就不允许再行变更，以防止被告人恶意行使程序选择权，维护司法的严肃性。

（三）辩护权

我国修订后《刑事诉讼法》第212条规定了被告人及其辩护人同公诉人、自诉人及其诉讼代理人互相辩论的权利。犯罪嫌疑人或被告人辩护权是指犯罪嫌疑人或被告人自行辩护、委托辩护人或由法院指定辩护人为自己辩护的权利。辩护权是犯罪嫌疑人或被告人在刑事诉讼中所享有的最基本、最重要的权利。要维护合理辩解权，先要科学界定合理辩解和翻供之间的区别点。关于翻供的问题在下文中还将予以论述，此处不再赘述。

（四）最后陈述权

修订后《刑事诉讼法》第213条后半段"但书"规定，在判决宣告前应当听取被告人的最后陈述意见。最后陈述权是被告人重要的诉讼权利之一，也是庭审的必经程序，不能被简化、省略或剥夺。

在基层法院庭审中被告人最后陈述这一环节有时会为"节省

时间"而仅让被告人简单回答几句，被告人也往往以"一定好好悔改、重新做人""希望能够得到宽大处理"等简单的话语作为最后陈述，其最后陈述权往往因此而流于形式。对于这一问题，公诉人出庭时应当引起重视，特别是当有些审判人员忽略这一环节时，公诉人应当积极履行审判监督职责，及时予以提醒并纠正。

（五）及时获判权

犯罪嫌疑人或被告人的及时获判权是指刑事案件被公安机关立案后，犯罪嫌疑人或被告人享有依法尽快进入审判阶段的权利，这是广义上的及时获判权。狭义上也指案件移送起诉到法院后被告人享有依法尽快获得判决的权利。

对刑事案件的判决，主要有两种模式：一种是庭后合议、择期宣判，普通程序一般采取这种模式；另一种是当庭作出判决并宣判，适用简易程序审理的案件大多采这一模式。① 据调查，修订后《刑事诉讼法》实施前后的 2012 年、2013 年，上海市某区法院适用简易程序审理的公诉案件中独任制审判的当庭判决率均为 98%；合议制审判的当庭判决率分别为 85% 和 80%；而适用普通程序审理的公诉案件当庭判决率分别为 35% 和 25%。② 广州基层法院则在修订后《刑事诉讼法》实施首个工作日适用简易程序一天审案 33 件。③ 海南省白沙县检察院对 14 起非法持有枪支案集中提起公诉，适用简易程序庭审前后仅用 3 小时。④ 法院对自愿认罪并同意适用简易程序审理的被告人，一般多为当庭宣判，并在 5 日内送达判决书。而择期宣判还需再次开庭，并通

---

① 王沿琰等：《刑事简易程序制度模式研究》，载《人民检察》2013 年第 12 期。

② 马贵翔、蔡震宇：《简易程序案件集中审理初探》，载《国家检察官学院学报》2014 年第 6 期。

③ 详见洪奕宜等：《贩毒案庭审 30 分钟当庭宣判》，载《南方日报》2013 年 1 月 5 日，第 6 版。

④ 李轩甫等：《海南白沙：适用简易程序 3 小时公诉 14 案》，载《检察日报》2013 年 1 月 22 日，第 2 版。

知控辩双方及其他诉讼参与人到庭，较之当庭宣判，其占用了较多的司法资源。

对公诉人而言，当庭宣判模式有利于公诉人及时了解判决情况，并能够及时对判决所认定的事实、法律适用及量刑情况进行全面审查，以决定是否提出抗诉；对被告人来说，这一模式有利于被告人及其辩护人及时了解判决情况，及时作出是否提出上诉的决定。设置简易程序以使被告人能够及时获判的意义也就在于此。

（六）程序救济权

一起冤假错案的发生，不仅会对当事人及其亲属造成巨大的甚至无法弥补的伤害，也会严重损害司法的公信力和权威性，侵蚀社会公众对公平正义的信心和对法律的信仰，进而影响国家的长治久安。[1] 适用简易程序审理的案件一般事实清楚，证据充分，但仍有发生冤错案的可能，而且一些冤错案的发生往往都是强迫认罪的结果，如福建省武夷山市罗玉明案即是一例。[2] 从"云南杜培武案"到"湖北佘祥林案"，威逼利诱下的认罪导致冤假错案的发生并不少见，这就需要设置一定的救济程序，如果被告人有证据证明认罪是出于被迫、量刑明显偏重或者存在刑讯逼供则可以提出上诉或申诉。这对于简易程序而言亦不例外。但许多国家和地区对依简易程序所作判决的部分上诉权进行了限制，其刑事诉讼法均规定，对于以被告人认罪为前提的适用简易程序的案件，被告人可以有罪供述系非自愿为由提出上诉，但不得以事实错误为由提出上诉。例如，意大利对依当事人要求适用刑罚程序所作裁决，一般不允许上诉。又如，我国台湾地区规定，对适用简易判决处刑程序所为之判决或裁定不服的，可上诉

---

① 薛江武：《正确处理五种关系，严防冤假错案发生》，载《人民检察》2013年第18期。

② 海川：《罗玉明冤案根源在于"诱供"》，载《上海青年报》2006年8月25日。

到有管辖权的第二审地方法院合议庭，且仅以此二审为限，相关程序适用其"刑事诉讼法"上诉编与抗告编；如果在简易判决处刑程序中适用认罪协商制度，则不得上诉；适用协商程序的案件，原则上不得上诉，但是如有法定的撤销合意或撤回协商声请的，被告协商之意思非出于自由意志的，被告所犯之罪不得适用协商程序，被告有其他较重之裁判上一罪之犯罪事实者，法院认为应谕知免刑或免诉、不受理者，以及法院违反科刑范围处刑的，可以上诉；而适用简式审判程序的案件，当事人对判决不服而上诉的，适用与普通程序一致的三级三审上诉制。尽管有上述种种限制，但仍需指出的是，在我国台湾地区适用简易程序的案件均可通过再审和非常上诉的途径获得救济。[①]

我国大陆地区未对简易程序与普通程序的救济途径作出区分，原则上均遵循二审终审制，在再审程序方面亦同。我们认为，我国大陆地区可以借鉴台湾地区的立"法"例，对于适用简易程序审理的案件，在确保被告人认罪和同意适用简易程序自愿性和真实性的基础上，规定被告人不得以无罪、指控事实有误或适用简易程序审理不当为由提出上诉，但可以被告人认罪、承诺对指控犯罪事实无异议、同意适用简易程序审理系非自愿或不真实，量刑错误等为由提出上诉或申诉，检察机关、法院应当依法保障被告人的上诉权和申诉权，为其充分行使程序救济权利提供便利。

三、刑事简易程序的运行

（一）审查起诉阶段

1. 提审与告知

当前按规定基层检察机关须每案必提，但对于一些"案件

---

① 付奇艺：《刑事简易程序的发展规律与改革方向》，载《三峡大学学报（人文社会科学版）》2015年第1期；陈岚：《海峡两岸刑事简易程序之比较》，载《现代法学》2009年第5期。

事实清楚、证据充分"的案件，可以适当简化讯问。对同期办理的可能适用简易程序的案件，对犯罪嫌疑人采取在一个时段集中讯问的方法。在讯问犯罪嫌疑人时，首先应讯问其对所实施的犯罪行为是否承认，接着讯问其是否认罪，并告知其认罪的法律后果，然后允许犯罪嫌疑人作有罪供述或无罪辩解，再围绕其犯罪事实以及是否认罪等方面进行提问，以确认犯罪事实，对不影响定罪量刑的情况可予省略。对认罪的犯罪嫌疑人，讯问最后应问其是否愿意适用简易程序，并告知其适用简易程序的法律后果。

检察机关可以设计格式化文书，由被告人对前述相关问题进行书面确认，以达到确认是否可以启动简易程序及确定证据的目的。有的检察机关采用的《建议适用简易程序告知书》是以表格形式列明适用条件、审查期限、诉讼权利义务、控方对案件的审查结果、指控的犯罪事实、启动简易程序的步骤、从宽处罚的法律后果、犯罪嫌疑人是否同意适用简易程序等内容。犯罪嫌疑人收到该告知书后，若同意适用简易程序，则仅需签字确认即可。

被告人对指控事实的了解，知道自己被指控的犯罪事实所依据的证据，是其一项基本权利。在庭前对证据材料交换意见，对适用简易程序审理具有促进作用。一方面，被告人在庭前了解了控方的证据，便可权衡利弊，增强认罪的自觉性，而不会糊里糊涂被"连吓带哄"予以"认罪"；另一方面，庭前进行证据展示、交流，庭审中举证环节便可有所简化乃至省略。

2. 全案卷宗移送

检察机关在集中审查、集中提审犯罪嫌疑人并向被害人复核后，对卷宗中缺少的证据材料及时通知侦查机关予以一次性补充完毕，以减少退查次数。经审查认为事实清楚、证据确凿的建议适用简易程序，并以书面形式向法院提出，同时快速移送案件至法院。

检察机关建议适用简易程序的案件，案件审结后应当随案移送全案卷宗；法院主动决定适用的，检察机关同意后也应当移送全案卷宗。

开庭前，检察机关将证据卷宗、诉讼卷宗连同适用简易程序建议书等一并移送至法院。法院通过审前阅卷，了解所指控的基本犯罪事实和证据，厘清案件中的关键点和争论点，而证据材料的卷宗则是法官自由心证形成的主要条件。

3. 法院的送达与告知

法院在送达起诉书副本时应对适用简易程序审理进行同步告知，并形成书面记录，使被告人充分理解并有足够的时间来考虑如下问题：（1）检察机关指控的犯罪事实；（2）可能判处的刑罚幅度；（3）适用简易程序审理的条件及法定后果；（4）适用简易程序审理意味着简化或省略庭审过程中的哪些环节；（5）这是一项属于被告人的选择权。如果被告人在充分考虑上述问题之后仍然同意适用简易程序审理并认罪，就应当可以确信其选择是自愿的，之后便可进入简易程序审理阶段。

（二）刑事简易程序的启动

简单地说，检察机关享有适用简易程序的建议权，法院享有适用简易程序的决定权，犯罪嫌疑人或被告人则享有是否选择适用简易程序的选择权。由此看来，检察院与法院是启动简易程序的主体。

1. 检察建议启动

我国修订后《刑事诉讼法》第 208 条第 2 款规定，人民检察院在提起公诉的时候，可以建议人民法院适用简易程序。《人民检察院刑事诉讼规则（试行）》第 465 条规定，人民检察院对于基层人民法院管辖的案件，符合条件的，可以建议人民法院适用简易程序审理。条文中均用"可以"这一酌定用语而非"应当"这一法定用语，说明检察机关对此具有一定的自由裁量权。这也表明简易程序仍然是一种依职权而启动的程序，在实践中主要由检察机关建议启动，其主导地位可见一斑。

检察机关在审查起诉阶段，承办检察官发现案件符合简易程序适用条件的，均会自行登记适用，因为建议适用简易程序不需经严格的部门审批或汇报，只需制作《适用简易程序建议书》，连同全案卷宗、证据材料、起诉书等一并在提起公诉时移送法院即可。法院认为依法不应当适用简易程序的，应书面通知检察机关，并将全案卷宗和证据材料等退回检察机关。

2. 法院决定启动

适用简易程序的建议权在检察院，但决定权在法院。在法院收到检察院的《适用简易程序建议书》后，是否适用简易程序还需要对案件经过进一步审查，以确定是否具备适用简易程序的条件，而非检察院一提出适用建议就必须予以适用。法院认为可以适用简易程序的，应当送达被告人适用简易程序告知书，由被告人签字确认后再予以适用。根据我国修订后《刑事诉讼法》第211条及最高法《关于适用〈中华人民共和国刑事诉讼法〉的解释》第294条的规定，在庭审中审判人员还应当当庭询问被告人对指控的犯罪事实的意见，告知被告人适用简易程序审理的法律规定，以确认其是否愿意适用简易程序，在征得被告人的同意后方可适用简易程序进行审理。

法院对于检察院没有提出建议适用但经审查后认为可以适用简易程序审理的，应当与检察院的案件承办检察官及时沟通，在征求检方的意见后再征求被告人、辩护人的意见，在检方同意适用并移送全案卷宗和证据材料后，制作《适用简易程序决定书》并在开庭前送达检察院、被告人及其辩护人。

3. 犯罪嫌疑人或被告人及其辩护人选择适用

检察机关是简易程序启动的主要触发者或者说是推动者，公安机关、辩护人的意见建议从属和受制于检察机关，当然，辩护人向检察机关提出适用简易程序还需征得被告人的同意。据此，在庭审之前被告人如果要申请适用简易程序，可以由其本人或者其辩护人向检察院或法院提出申请，检察院经审查认为可以适用的，应当在提起公诉时一并提出，法院经审查后认为建议适当可以直接适用。也就是说，立法赋予犯罪嫌疑人或被告人适用简易程序的知情权与否决权，而非建议权与决定权。

最高法《关于适用〈中华人民共和国刑事诉讼法〉的解释》第 290 条第 6 项规定，被告人认罪但经审查认为可能不构成犯罪的不适用简易程序。这一条款明确了法官对案件事实的澄清义务。被告人的自愿认罪固然可以作为犯罪成立的有力证明之一，但并不对法官产生拘束力，法官仍然具有查明事实真相、澄清犯罪事实的职责。这也是基于我国所采的职权主义诉讼模式的缘故。当然，近年来，我国刑事诉讼在立法与司法层面也在不断地借鉴和融合当事人主义诉讼模式的一些核心元素。

（三）法庭审判

1. 控审组织简化

我国《刑事诉讼法》第 210 条规定，适用简易程序审理案件，对可能判处 3 年有期徒刑以下刑罚的，可以组成合议庭进行审判，也可以由审判员一人独任审判；对可能判处的有期徒刑超过 3 年的，应当组成合议庭进行审判。这条规定主要是将 2003 年之后、2012 年之前的"普通程序简化审"的司法实践纳入基本法律的正式轨道之中。

修订后《刑事诉讼法》以可能判处 3 年以下宣告刑作为独任审判或合议庭审判的选择标准。而对于性质严重的案件，如可能判处 3 年以上有期徒刑的，法条本身就采取了较为谨慎的程序性规定，要求法院应当组成合议庭进行审理，并可延长审限。

之所以谓之"简易程序"，其中之一便是审判组织的简化。审判组织的组成有四种情况：（1）一名法官独任审判；（2）一名法官与两名陪审员组成合议庭；（3）两名法官和一名陪审员组成合议庭；（4）三名法官组成合议庭。其中，独任审判能最大限度地调动法官自身的主观能动性，加速审判程序的推进。适用简易程序审理的案件一般以独任审判为原则、合议庭审判为例外。

2. 庭审过程简化

我国修订后《刑事诉讼法》第 213 条规定，适用简易程序审理案件，不受公诉案件一审普通程序关于送达期限、讯问被告人、询问证人、鉴定人、出示证据、法庭辩论程序规定的限制。但在判决宣告前应当听取被告人的最后陈述意见。

在实务界，对适用简易程序的案件何时开庭审理存在两种意见：第一种意见认为，适用简易程序的案件即为被告人认罪的案件，应当简化诉讼流程，提高诉讼效率，可以突破一定的程序规定的限制，故可以现立案、现送达（起诉书）、现公告、现开庭、现判决。第二种意见认为，根据修订后《刑事诉讼法》第182条第3款的规定，传票和通知书至迟在开庭3日以前送达。公开审理的案件，应当在开庭3日以前先期公布案由、被告人姓名、开庭时间和地点。可以说越复杂、越重大的案件，论罪科刑的程序就必须相应地越慎重、越确实；反之，越简单、越轻微的案件，在不妨碍刑事诉讼基本目的的前提下，论罪科刑的机制就能越便宜、越简洁。①

适用简易程序审理也可分为公开和不公开审理两种情况。公开审理的案件，应当在开庭3日以前先期公布案由、被告人姓名、开庭时间和地点，以保障社会公众对案件的知情权，因此最快也要在立案受理3日后才能开庭审理。不公开审理的案件，因无须公告案由、被告人姓名、开庭时间和地点等事项，因此法院可以根据实际案情决定是否现立案、现送达（起诉书）、现公告、现开庭、现判决。此外，适用简易程序审理的案件在实践中仍受修订后《刑事诉讼法》第182条规定的传票和通知书至迟在开庭3日以前送达这一期限规定的限制。

庭审中，公诉人宣读起诉书时直接从"经依法审查查明"部分，亦即认定的犯罪事实部分开始宣读，略去证据部分，最后宣读"本院认为"部分，即仅宣读包括起诉书文号、认定的事实和适用的法律等起诉书内容便可；在讯问环节若被告人对指控犯罪事实及犯罪情节无异议则公诉人一般不再对之进行讯问；在举证环节公诉人一般按照证据种类进行分组举示，宣读证据名称，对

---

① 林钰雄：《刑事诉讼法》，中国人民大学出版社2005年版，第197页。

其所要证明的内容予以简要说明；在法庭辩论环节，公诉人发表公诉意见时对定性意见可一笔带过，而着重突出量刑意见、建议即可。而判决宣告前对被告人最后陈述意见的听取这一环节无论如何不可省略或忽视，这也是对被告人合法诉讼权益的保障。

3. 审限的缩短

我国修订后《刑事诉讼法》第214条规定，适用简易程序审理案件，人民法院应当在受理后20日以内审结；对可能判处的有期徒刑超过3年的，可以延长至一个半月。

法院适用简易程序审理的案件，从受案到判决前后一般为10～15日。修订后《刑事诉讼法》第214条规定的"可能判处的有期徒刑超过三年的"是指基层法院根据案件情况综合考虑可能对被告人判处的宣告刑超过3年的案件。对于可能判处3年以上有期徒刑的案件，其性质、危害程度等都较为严重，犯罪事实和证据的审查认定也相应复杂，要求此类案件也在受理后20日以内审结将很难做到，且不能保证办案质量，故规定可以延长至一个半月。

简易程序具有庭审时间短、操作流程灵活的特点。适用刑事简易程序审理的案件，庭审时间一般为10～25分钟，最少的仅有5分钟左右。目前，实际操作中如果某一时间段内拟开庭审理的简易程序案件较多，检察机关一般会建议法院合理排期、集中审理以节约时间。

4. 庭审中被告人的意见

适用简易程序审理简化了法庭调查和辩论，而审理的后果将由被告人承担，因而被告人同意成为适用简易程序的前提条件之一。鉴于此，应在适用简易程序审理前确保被告人认罪并同意适用简易程序审理的自愿性及其认罪的完整程度。

因权利义务告知过于书面化、专业化，文化程度不高的被告人不一定能充分理解或意识到这些法律文书的重要性。此时，作为司法工作人员的法官、检察官就一定要对其予以耐心解释或宣读，遇有被告人费解之处还应以通俗易懂的语言对之进行说明。

简易程序要求审判人员在适用简易程序审理案件时，必须对被告人认罪的真实性、同意适用简易程序的自愿性及案件事实与证据进行全面审查判断与确认，以保障适用简易程序审理的正当性。庭审中，审判人员应当询问被告人对起诉书所指控犯罪事实的意见；通过询问确认被告人是否同意适用简易程序审理，在此过程中使被告人充分了解适用简易程序审理对其所产生的影响，从而理性地表达意见并作出选择。

如果被告人不明确表态，应当视同被告人不承认自己的罪行，不承认所指控的犯罪事实，而不可理解为被告人默认或默示许可。有时被告人虽然承认自己的罪行和被指控的犯罪事实，但提出了合理的抗辩理由，或者对是否适用简易程序表态不明确，经法庭解释后仍表示不清楚，应当视同对适用简易程序审理有异议。在上述情况下法庭应中止审理，将案件转入普通程序。庭后则应将案卷退回检察机关，依普通程序重新计算审限。

征得被告人对适用简易程序审理的同意，是程序正当性的必然要求，也是尊重和保障人权原则在刑事诉讼中的具体体现。告知被告人适用简易程序审理的相关规定，既可以保障被告人在庭审中更好地行使权利和履行义务，也可以保证诉讼程序的顺利快速推进。

第三节　我国刑事简易程序实证研究

我国刑事简易程序适用状况如何，其在实施过程中存在哪些问题，以及有哪些措施能更具有针对性地解决目前遭遇的困境，这需要通过实证研究及立法分析去着手加以探索、发现。

一、我国刑事简易程序的适用情况

自 2013 年我国修订后《刑事诉讼法》实行以来，浙江省宁波市基层检察机关适用简易程序案件一般占受理案件的 80％ 左右，其中判处有期徒刑 3 年以下的占比近 70%。2013 年，重庆市对其辖区内 5 个基层法院作了抽样调查后发现，其适用简易程序案件的比例也高达 81.87%。① 2013 年上海某区法院判决的刑事案件共计 1434 件 1875 人，其中适用简易程序的 1145 件 1408 人，占比 79.85%；其中判处有期徒刑 3 年以下的 986 件 1218 人，占比 68.76%；判处有期徒刑 1 年以下的 872 件 1080 人，占比 60.81%；判处有期徒刑 6 个月及拘役 6 个月以下的 763 件 925 人，占比 53.21%。②

2014 年上海市适用简易程序审理的案件占比约 78%。同年，宁波市各基层人民检察院共受理各类刑事案件 14290 件 20162 人，起诉 12910 件；适用简易程序审结的 11170 件，占比约 86.5%，判处 3 年以下有期徒刑、拘役、管制、单处罚金的案件 15462 人，占比约 92%。

基层检察机关管辖的所有符合条件的公诉案件均可以适用简易程序。适用简易程序审理的案件种类主要有：危险驾驶、故意伤害、盗窃、交通肇事等，从中可以看出，这些案件大多数都属于犯罪性质比较轻微的犯罪类型。在宁波地区适用简易程序的案件中，最后被判处轻刑，如拘役、管制、单处罚金的案件平均比例占到了 1/2 之多。

二、我国刑事简易程序的实施现状及存在问题

(一) 实施现状

1. 适用简易程序的案件比例逐年攀升

近年来，适用简易程序审理的案件数占案件总数的比例在不断增大，其随受理案件总数的增加而上升，且比例基本固定在一个水平上。如重庆市 5 个基层法院在 2011 年、2012 年、2013 年

---

① 李海玲：《新刑事诉讼法简易程序实施情况的观察与分析》，载《阴山学刊》2015 年第 1 期。

② 数据来源于上海市人民检察院内网。

适用简易程序的比例依次为61.18%、63.33%、81.87%。① 因为在现有的简易程序适用条件下，无论是检察机关还是法院，在案件符合简易程序适用条件的情况下，都会在犯罪嫌疑人或被告人同意的前提下优先适用简易程序进行审理。因此，简易程序的适用率还有继续增长的空间。

2. 案件类型相对集中

从总体上看，适用简易程序的案件其类型一般较为集中，主要是一些轻罪或微罪的案件。如浙江省宁波地区基层检察机关适用简易程序比例最高的案件是危险驾驶、故意伤害和盗窃这三类案件，占到适用简易程序案件总数的68%；其次是交通肇事类案件，占到适用简易程序案件总数的16%。

3. 适用简易程序案件处刑较轻

一般情况下，适用简易程序的案件最终判处的刑罚都较为轻缓。如浙江省宁波地区近4年来判处拘役、管制、缓刑及单处罚金的案件在适用简易程序的案件中占到了约60%。另据统计，2013年1月1日至2014年4月30日，湖南省岳阳市检察机关适用简易程序案件中判处3年以下有期徒刑、拘役或者管制的有1326件1611人，约占适用简易程序案件总数的92.34%；判处3年以上有期徒刑的案件，适用简易程序的只有110件159人，约占适用简易程序案件总数的7.66%。②

4. 多为检察机关建议适用

在适用简易程序的案件中，绝大部分都是由检察机关起诉的公诉案件，自诉案件只占极少的一部分，且多数均是由检察机关建议适用而得到法院同意适用的。如湖南省岳阳市11个基层法院适用简易程序审理的一审公诉案件中，检察机关建议法院适用简易程序案件1257件1486人，法院同意适用简易程序案件1194

---

① 李海玲：《新刑事诉讼法简易程序实施情况的观察与分析》，载《阴山学刊》2015年第1期。

② 李俊：《简易程序案件出庭情况实证分析》，载《人民检察》2014年第17期。

件 1422 人，占适用简易程序案件总数的 83.15%；法院自行决定适用简易程序案件 242 件 348 人，占适用简易程序案件总数的 16.85%。[①]

（二）存在问题

1. 立法条文上的困境

自我国修订后《刑事诉讼法》颁布以来，其中法律条文上的问题便随着司法实践的全面展开与不断深入日益呈现出来。其一是修订后《刑事诉讼法》第 209 条排除适用简易程序的情形，该条第 2 项规定：有重大社会影响的不适用简易程序。那么什么是重大社会影响？其程度是多少？怎样才算在社会上达到了重大影响？这一系列问题表明该项规定尚语焉不详，徒增公诉人对案件审查的复杂程度。我们认为重大社会影响的标准界定及证据把握应从案件的罪质、罪行、罪果、罪情等方面予以全面考量、深入分析。其二是第 209 条第 4 项规定了"其他不宜适用简易程序审理的"这一兜底条文，这项规定使公诉人在司法实践中难以拿捏、把握不准，最终容易导致各地司法实践的散乱无序。那么在对本项的操作上各地司法实践究竟是趋于统一好还是按本地经济社会发展状况作不同理解、解释、处理好？这值得立法与司法者深思。其三是修订后《刑事诉讼法》第 208 条第 2 款，即人民检察院在提起公诉的时候，可以建议人民法院适用简易程序。这一规定实际上并不能作为适用简易程序的条件之一，因为其使用了"可以"这一酌定用语而非"应当"这一法定用语，从语词分析来看并不属于简易程序启动的前提条件，而仅是一项补充性说明，从司法实践来看是为不妥。其四是修订后《刑事诉讼法》第 210 条的规定几乎已使简易程序的适用范围无限扩展、量化标准彻底丧失，这些问题又该如何应对？

[①] 李俊：《简易程序案件出庭情况实证分析》，载《人民检察》2014 年第 17 期。

2. 司法实践上的困境

（1）可能导致简易程序的滥用

案件承办检察官和法官通过全面细致的阅卷，对于案件的全貌及拟处理的方式、结果已了然于胸，开庭时显得似乎有点烦琐的诉讼程序对于公诉人、法官查明案件真相，进而定罪量刑所起到的作用十分有限。既然适用简易程序与适用普通程序对于处理的实体结果并不会造成太大的区别，那么，无论是检察官还是法官当然更乐意适用既省时又省力的简易程序。因此，只要没有《刑事诉讼法》第 209 条规定的不适用简易程序的情形，一概采用简易程序进行审理。而被告人往往对于是否同意适用简易程序的理解又不是很准确、深入，故只有对司法机关唯命是从。如此一来，简易程序就有被滥用的危险。

（2）审前程序简化不足

我国现行的刑事简易程序，其简化主要还是体现在审判阶段的庭审环节，审前的侦查、逮捕、审查起诉等并未得到应有之"简化"，整个诉讼期限仍然较长。就审查起诉环节来讲，适用简易程序的案件在讯问犯罪嫌疑人、制作审查报告、起诉书以及起诉前的层层审批，① 与适用普通程序的案件并无差别。另外，对适用简易程序案件的审查起诉期限的规定也无特别规定，这就造成了简易程序的审查起诉环节与普通程序的无异，适用简易程序案件审查起诉环节"简化"不足。

（3）公诉人出庭压力大增

对于公诉人而言，修订后《刑事诉讼法》就简易程序的规定使得公诉人工作量大增，不胜其累。修订后《刑事诉讼法》第 210 条第 2 款规定：适用简易程序审理公诉案件，人民检察院应当派员出席法庭。这一规定一改以往公诉人可以酌情出庭（以不出庭为常态）的做法，将公诉人出庭简易程序绝对化，使

---

① 至于这里提到的"层层审批"，亦即检察机关审查起诉阶段的三级审批制的问题，则有望在此次检察改革过程中予以解决。

司法实践中公诉人从基本不出庭至每案必出庭，无疑大大增加了公诉人的工作量，可以说是从一个极端滑向了另一个极端。况且修订后《刑事诉讼法》第 210 条第 1 款的规定使简易程序的适用范围大大扩展，似已丧失其量化的界限标准（如原《刑事诉讼法》第 174 条规定对"依法可能判处三年以下有期徒刑、拘役、管制、单处罚金的公诉案件，事实清楚，证据充分，人民检察院建议或者同意适用简易程序的"可以适用简易程序），这更使公诉人出庭简易程序的案件数量激增。经统计，自修订后《刑事诉讼法》实施以来，浙江省宁波地区基层检察机关办理的简易程序案件增量同比上升近 30%；而北京市朝阳区检察院自刑事诉讼法修正案生效后，其将面临近 4 倍的工作量增加的严峻形势，以每年 3000 件案件总量计算，增加出庭的案件总量达到 2400 件左右。① 在普通程序尚未成熟完善的情况下大量适用简易程序，不但增加了公诉人的负累，这一做法其本身的正当性也是值得推敲的，如审理程序过于简化将使审判监督的实效性受到一定挑战。②

其实早在修订《刑事诉讼法》时，已有学者预料到公诉人出庭简易程序所带来的种种负担。有论者指出：大量的简易程序案件中，公诉人每一个案件都出庭的话，与原先的简易程序相比，程序上会有所复杂，肯定会增加一定的工作量，是一笔巨大的资源耗费，这种做法必然会影响审判进程，降低诉讼效率。鉴于此，检察机关需探索合理方式来解决公诉人出庭带来的成本问题。③

（4）审判监督的实效性受到挑战

简易程序仍需符合正当程序理念的根本要求，不能"简而

---

① 胡静等：《简易程序案件出庭工作机制研究》，载《河南警察学院学报》2013 年第 1 期。

② 夏凉：《公诉人出庭简易程序的困境及应对》，载《人民检察》2013 年第 22 期。

③ 樊崇义、艾静：《简易程序新规定的理解与运用》，载《国家检察官学院学报》2012 年第 3 期。

无当"，过度简化，保障程序的效率并不意味着程序的虚无，更不意味着对被告人基本诉讼权利的忽略与漠视。如果庭审中法庭调查、举证质证、法庭辩论等阶段过度简化，且公诉人、法官都为了追求简便快捷而达成默契，那么尽管做到了公诉人每案必出庭，但审判监督的实效性还是受到了一定的挑战，最终损害的还是被告人的合法权益甚至是司法权威。

三、检察机关应对简易程序的工作机制

简易程序体系越完善，迅速高效处理案件的能力越强，普通程序就越有条件和可能得以朝着更公正、更精密的方向发展。[①]鉴于简易程序与普通程序适用的条件不同，所以应对简易程序在司法实践中的一些困境也应有其独特的处理模式与保障机制。以下我们将着重对检察机关应对简易程序的工作机制作一番论述。

（一）常规模式

1. 专职公诉人模式

探索试行专职公诉人模式的典型代表是上海市金山区检察院和北京市海淀区检察院。2011 年 5 月，上海市金山区检察院便已开始积极探索简易程序公诉人专人出庭的试点工作，并对该院90% 以上简易程序案件派出专人出庭。[②] 2012 年 3 月 27 日，北京市海淀区检察院启动公诉人出庭改革试点工作，其设立两名专职公诉人，指派出庭公诉简易程序案件，依法对简易程序案件的法庭审理实施法律监督。专职出庭公诉人是指在刑事简易程序庭审过程中，以出庭支持公诉为主要工作的公诉人。[③] 专职公诉人

---

① 郑丽萍：《中国简易程序的反思和改革——以〈刑事诉讼法修正案〉为基点的思考》，载《北京联合大学学报（人文社会科学版）》2013 年第 3 期。

② 胡静等：《简易程序案件出庭工作机制研究》，载《河南警察学院学报》2013 年第 1 期。

③ 《专职公诉人首次亮相法庭》，载《南方日报》2012 年 3 月 29 日，第 A05版。

出庭模式简称"简案专办、专人出庭",该制度的特点是允许简易程序案件的承办人与出庭公诉人分离,定期轮值出庭。① 庭审前,案件承办人应当准备好案件材料等出庭所需文书,同专职公诉人就案件情况进行沟通,专职公诉人应当确保在出庭前掌握案情。② 这种模式根据出庭公诉人的不同,又可分为主诉出庭模式和承办人出庭模式。③ 当然,这一模式的弊端也是显而易见的,即检察官参与诉讼过程出现人为的割裂,案件承办者未能全程遵守亲历性原则;案件交接过程耗费一定司法资源,属于重复劳动;检察官不能得到办案与出庭的全面锻炼,能力素质的提升囿于片面,而这是这一工作机制的局限性所造成的。

2. "四集中"模式

"四集中"模式,即集中移送、集中讯问、集中起诉、集中开庭。这一模式虽然增加了检察官的工作密度,压力也有所增大,但确实也提高了不少工作效率。尤其是检察机关经与法院沟通协商后的集中起诉与集中开庭,公诉人可在一段时间内相对集中地连续出庭支持公诉,这对于省去一些重复的司法环节、缓解案多人少的工作压力、提高工作效率等而言是大有裨益的。采用这一模式并有所深化创新的是四川省峨眉山市检察院;上海市金山区检察院除了探索实行专职公诉人出庭机制外,也建立了集中起诉、集中开庭的工作机制;④ 而山东省枣庄市及云南省昆明市西山区虽然也称"四集中"模式,但却是指集中管理、集中起诉、集中出庭、集中监督。⑤

① 定期轮值也即值班公诉人制度,是指检察机关按照一定的当值次序指派公诉部门的公诉人分别在一定的时间段内出庭简易程序支持公诉的一项制度。
② 莫文秀:《三层次全员责任制简易程序出庭公诉模式探讨》,载《河南社会科学》2013年第9期。
③ 傅冰:《简易程序的出庭公诉模式研究》,载《沈阳师范大学学报(社会科学版)》2014年第3期。
④ 广东省东莞市第一、二区检察院也实行"集中起诉、集中出庭"模式。
⑤ 详见肖凤珍等:《30分钟审理5起简易程序案——昆明西山"四集中"工作机制节约诉讼成本提高公诉效率》,载《检察日报》2013年4月10日,第2版。

　　详述之，这一模式主要包括集中受案、分案，集中起诉、出庭。其中，集中受案要求公安机关集中时间按批次移送起诉案件。集中办案则要求对每月受案公诉部门负责人以 10 日为一个受理批次，并对同一批次案件按罪名予以分类，尽量将同种罪名案件交由专人办理。集中起诉要求除需补充侦查等特殊原因外，承办人应对自己办理的案件填写集中起诉审批单，并与卷宗材料一起送交法院予以集中起诉。法院将以公诉人提供的集中起诉清单为集中分案的依据，将同一公诉人所承办的案件相应地交由同一法官办理。集中出庭要求检察机关对同一承办人办理的案件集中出庭，遇有特殊情况，可在承办人之间进行协调。①

　　其中，2011 年以来，江苏省睢宁县检察院推行的简易程序类案集中出庭机制便是对"四集中"模式的深化、细化和再创新。即法庭审判时，同类案件，如危险驾驶的数名被告人同时到庭，法庭对于权利义务等事项一并告知，然后分别进行讯问、质证、辩论等庭审环节。②

　　3. 远程视频模式

　　远程视频模式通过双向交互式音频、视频系统，使法官、公诉人、被告人、辩护人及其他诉讼参与人通过系统连接，远程开展庭审活动，十分便利。其不足之处便是不能感受到庭审现场的那种庄重、威严和震慑力。广州市白云区检察院即采用这一模式，分别在该区看守所内和法院大楼内专门设立两间远程视频开庭室，两地之间搭建光纤专线，实现视频信号点对点传送。同时，在两方远程视频室内配置高清摄像机、高清显示器、高清指向话筒等硬件设备。开庭时，法官、公诉人及辩护人在法院的远程视频法庭按席落座后，书记员通知已派往看守所的法院法警将

---

① 王秋杰：《关于简易程序公诉人出庭若干问题的思考》，载《上海公安高等专科学校学报》2013 年第 1 期。

② 莫文秀：《三层次全员责任制简易程序出庭公诉模式探讨》，载《河南社会科学》2013 年第 9 期。

被告人带至看守所远程开庭室。书记员会根据庭审不同环节，及时调节主屏幕画面，确保庭上各方能和被告人实现即时通话。庭审结束后，书记员则将庭审笔录传输至看守所打印，由法警交被告人签名后带回。① 广州市越秀区人民法院适用刑事速裁程序同时结合远程视频审案最快仅耗时 5 分 18 秒。② 此外，北京市海淀区人民法院也有类似尝试。③

此外，还有四川省成都市的"三集中三简化"模式、上海地区的"两专人、三集中"模式、④ 天津东丽区的"三集中、一结合、一转办"和"五简一细"模式、⑤ 福建地区的"三专、一轮、二集中"模式、⑥ 广东增城的"专人办理、专门法庭、集中开庭"模式、重庆渝北的"二集中一分化，二简化一控制"的工作机制以及河南省郑州市中原区的"两专人、两集中、三简化"模式等。

宁波地区的检察机关还统一推行"简易程序公诉人出庭简

---

① 张和林、严然：《简易程序案件办案模式研究》，载《人民检察》2013 年第 17 期。但是这一两方视频开庭模式对公诉人而言没有简化程序、缓减压力，因此若条件许可的话更期待于三方视频开庭模式。

② 详见刘冠男等：《广州一法院试点刑事速裁　最快审案仅用 5 分 18 秒》，载《南方日报》2015 年 4 月 8 日。

③ 详见王斌、孔一颖：《北京市人大常委会检查新刑诉法实施情况：落实简易程序建立远程视频法庭》，载《法制日报》2013 年 5 月 28 日，第 3 版。

④ "两专人"是指专人办理、专人出庭。所谓专人办理，即指派专门的办案组或办案人员办理适用简易程序审理的公诉案件，并定期轮换的管理模式。专人出庭，即对可能判处 3 年以下有期徒刑的案件，一般由主诉检察官集中开庭，其中的简单案件可以由主诉检察官助理集中出庭；对可能判处超过 3 年有期徒刑的案件，一般由承办审查工作的检察人员集中出庭。"三集中"是指公安机关相对集中移送起诉、检察机关相对集中起诉和法院相对集中开庭审判相结合的工作机制。参见吕彪、王卫鹏：《简易程序案件集中审理研究》，载《犯罪研究》2014 年第 5 期。

⑤ 适用这一模式法院仅需 3 天即可安排开庭，而庭审时间一般在 8 至 10 分钟。详见王斗斗、王志平：《天津东丽区检察院简易程序专人办案："311＋51"模式审案只需 8 分钟》，载《法制日报》2013 年 2 月 8 日，第 5 版。

⑥ 所谓"三专一轮二集中"是指类案专办、专人审查、专人开庭、定期轮换、集中起诉、集中审理。

化工作模式"，即在宣读起诉书时略去被告人的基本情况、据以认定事实的证据、案件来源以及办理经过等内容，仅宣读犯罪事实以及适用法律等核心和结论部分，另外再发表包括定罪量刑等内容的公诉意见。这一简化的公诉模式使整个庭审只占5~10分钟的时间，大大缩短了庭审时间，极大地提高了诉讼效率。

尽管目前各地的探索方式纷繁复杂、名称不一，工作的重点也各不相同，但经比较分析发现，其实很多制度、模式、机制都是大同小异，且现实中的做法又显得有点散乱而缺乏统一性、规范性。仅从出庭公诉的模式而言，其共同点就包括：（1）均采用相对集中移送审查起诉、相对集中提起公诉、相对集中开庭审判的工作模式；同时，在相对集中移送审查起诉阶段，尽管有些地方没有概括或总结出相应的工作机制，但实践中也往往采用了相对集中收案、相对集中分案、相对集中提讯、相对集中审查、相对集中起诉的工作方法。①（2）在程序简化方面，尽管各种模式在具体细节方面其简化不尽相同，但大多着重从法律文书、庭审环节等几个方面提出了简化程序的思路，如推行审查报告的模板化、庭审中宣读起诉书、讯问被告人、举证质证、法庭辩论的简化等。②

（二）关于案件的集中办理

目前，不少基层检察机关多采取对刑事案件的集中办理来应对简易程序的适用问题。所谓"集中办理"是指检察机关指派专人负责简易程序并按照法院集中开庭的安排集中出庭参加诉讼，因此，"集中办理"主要指集中起诉、集中出庭。浙江省人民检察院早在修订后《刑事诉讼法》实施之前就已出台《办理

---

① 吕彪、王卫鹏：《简易程序案件集中审理研究》，载《犯罪研究》2014 年第5 期。

② 参见徐金贵等：《公诉案件适用简易程序工作机制实践与完善》，载《第九届国家高级检察官论坛论文集》。

简易程序公诉案件指导意见（试行）》，提出了"三集中、三简化、两重点、一监督"的简易程序案件公诉浙江模式。其中，"三集中"即相对集中移送审查起诉、相对集中提起公诉、相对集中开庭审理；"三简化"，即简化文书制作、简化审批程序、简化庭审内容；"两重点"，即突出"审查案件是否符合适用简易程序的条件以及出庭时如何量刑"这两项重点内容；"一监督"，即加强对简易程序案件的诉讼监督。

对部分案件采取相对集中的提讯、移送、起诉、开庭等方式总体上有利于减轻公诉人的负担和压力，但也不是没有问题，如集中出庭的公诉人的压力会明显增加；案件承办人与出庭公诉人对案件的衔接不妥则将导致出庭支持公诉的效果不佳。以下几点对策有利于消除集中办案所带来的不利影响。

一是实行"简易程序案件集中讨论制"，即公诉部门召集所有公诉人对一定时期内的简易程序案件进行集中讨论，以便负责集中出庭简易程序案件的轮值公诉人全面熟悉、了解案情，包括对案件事实、证据材料等内容的掌握，也包括对相关法律法规、司法解释、案例指导、刑事政策的掌握，为出庭简易程序支持公诉做好充分准备。

二是联合侦查监督部门对公安机关的证据报送把好审核关，确保定罪量刑证据全部到位、清楚无误；同时，案件管理部门应定期抽查案件承办人所办案件，发现瑕疵及时指出并予以纠正，避免案件承办人今后再犯同样或类似的错误，做好案件质量评查通报工作，把好案件质量关。

三是加强与辩护律师的沟通协调。律师的调查活动有助于检察机关更加全面客观地了解案情、认定事实，无论在实体上还是程序上都是有益检察工作的。因此，在考虑量刑建议的幅度上应充分吸收律师的合理意见，尽可能把各种因素都考虑进去，使量刑建议的提出能够顺利得到各方认可，实现较好的效果。① 这样

---

① 王祺国：《法的思辨》，浙江人民出版社 2012 年版，第 309 页。

有助于庭审时间的缩短、诉讼效率的提高。

四是应实行"集中开庭轮岗制",即公诉人按照一定的次序在一定时间内轮流出庭简易程序支持公诉,同时做好出庭简易程序专职公诉人的后勤保障,如为其配备专职书记员,以负责文字材料撰写、汇总以及案卷文书的接收、移送等日常事务性、辅助性工作。

(三) 完善建议

1. 注重公诉人才的培养

基层检察机关应根据地区历年办案量等实际情况,确定公诉部门合理编制数和检察官职数,并注意保证公诉业务骨干力量的相对稳定。在完善办案机制、提高办案效率的同时,通过内部抽调优秀人才、增加编制员额、招录书记员等司法辅助人员等措施,缓解案多人少的矛盾。

公诉人自身也要不断提升刑法学、刑事诉讼法学及犯罪学等刑事法学的学术理论素养;同时加强检察学的理论研究,提高自身对跨专业、跨学科相关知识的熟知度,熟练掌握应对那些常见且多发的轻微刑事案件,如盗窃、危险驾驶、故意伤害案的庭审技巧,进一步拓展自身的诉讼业务能力。鉴于此,应定期开展公诉业务实战培训,着力提高公诉人庭审交叉讯问技能以及妥善处理庭审中证人证言发生变化的能力。

2. 专门办理简易程序案件的场所或机构的设置

适用简易程序审理的案件的开庭地点一般均设在法院,但也有一些地方突破了这一程式,创设了专门的简易程序办案区。如广东省江门市新会区便是一例,其将检法简易程序办案区设置在该区看守所旁边:一楼是刑事审判庭,二楼是法官、检察官办案区,实现了羁押区、办案区、审判区的统一。其中,刑事审判庭设有专门的光纤网络和投影设备,在庭审过程中,证人、鉴定人等只需就近到派驻乡镇、街道的检察室,通过远程视频系统就能接受询问。简易程序综合办案区设立之后,法院可以随时开庭,公诉人可以随时出庭支持公诉,不受集中出庭对于出庭时间的限制，有利于减少被告人的审前羁押期限。① 基于此，广东省江门市新会区检察院平均每起案件的办结时间同比缩短 5 日，而从提起公诉到判决平均时间同比缩短 8 日。②

当然，我们也可以考虑适用简易程序审理案件在一些乡镇、街道的派出法庭进行。曾有学者建议，为应对我国简易程序"简化不足"的问题，可借鉴英美法系国家的司法实践，在基层法院之下，根据各个社区的治安需要设立若干治安法庭。③ 我们认为此做法不仅浪费司法资源，而且还难以保证审判的公正性，可谓"画蛇添足"。目前，我国法院的派出法庭只受理民事案件，不受理刑事案件，但对于适用简易程序的轻微刑事案件的审理，派出法庭完全有能力可以胜任。因此，我们仅需增设派出法庭受理刑事简易程序案件的职能即可，无须再另设治安法庭；同时，可指派与派出法庭相对应的基层检察室的检察官出庭支持公诉。这样一来大大节省了司法资源，同时也确保了法院、检察院的办案质量，符合司法经济原则。

此外，根据派驻看守所检察室的设置规格，与之相对应，可以考虑设立派驻看守所法庭。实践中也出现了法院在看守所现场开庭并通知检察机关派员到看守所出庭支持公诉的现象（一般被告人多为重刑犯、危险犯，或不宜移动者）。因此，设立驻所法庭也是出于保障办案安全、节约诉讼成本和提高诉讼效率的目的，而且若是法院与看守所距离较远，往返不便，在看守所设立一个派出法庭确实值得尝试。

3. 文书制作的简化

我国自《刑事诉讼法》修订以来，对办理简易程序案件中

---

① 朱香山、韦磊：《江门新会：创设简易程序办案区》，载《检察日报》2013年 6 月 6 日，第 1 版。

② 详见赵杨、韦磊：《粤首个简易程序办案区诞生》，载《南方日报》2013 年 6 月 6 日，第 A12 版。

③ 杨宇冠：《我国刑事诉讼简易程序改革思考》，载《杭州师范大学学报（社会科学版）》2011 年第 2 期。

的程序简化作出了具体的规定，如最高法出台的《关于适用〈中华人民共和国刑事诉讼法〉的解释》便对简易程序案件审理中的程序简化作出了详细规定，但是这些规定却都没有涉及办案文书的简化问题。我们认为，简易程序之所以"简易"，不仅要在程序流程上做到简化，在办案文书上也要进行适当的精简、"瘦身"。检察机关在办理刑事简易程序案件时涉及的主要法律文书有简易程序犯罪嫌疑人权利义务告知书、提供法律援助通知书、简易程序公诉案件审查报告、起诉书、适用简易程序建议书、出庭笔录、简易程序案件审判监督情况审查表等。以下我们将重点论述关于适用简易程序的公诉案件的审查报告、起诉书、出庭预案、公诉意见书的制作与简化。

（1）审查报告

根据最高检提供的简易程序审查报告样本，设计制作适合本地司法实际情况的简易程序公诉案件审查报告模板，使案件承办人能够通过"填空"的方式，快速填制事先已成型的简易程序公诉案件审结报告模板，以减少在案件审查上的重复劳动。

承办人在审查案卷材料后，应根据犯罪性质、犯罪形态、案情复杂程度分情况精简审查报告的制作，对于简单、多发的案件，如危险驾驶、盗窃、贩卖毒品、容留他人吸毒等可采用专门、固定、特制的审查报告模板。

在案件事实清楚、证据确实充分的情况下，审查报告在证人证言、被害人陈述、犯罪嫌疑人供述和辩解等言词证据上可以适当简化，如可以省略多次供述中的重复部分。另外，证据的论证分析也可以适当简化。但是审查报告应该明确对能够证明犯罪事实的证据进行审查后的结果；在"需要说明的问题"部分注明需要强调说明的几个重点；在审结报告的最后部分还应当列明适用简易程序的理由及建议适用简易程序的表述内容。

（2）起诉书

适用简易程序案件的起诉书同样需把犯罪嫌疑人的基本情况、前科、诉讼过程、证据材料、认定事实、法律适用简明扼要地表达清楚，但不需要详尽说理。需要指出的是，由于适用简易程序的案件是事实清楚、证据充分且犯罪嫌疑人或被告人自愿认罪的案件，而庭审时又主要是围绕量刑问题展开辩论，因此不能将量刑建议书的内容也纳入其范围，否则将使量刑建议成为起诉书的附庸，无法在简易程序审理中发挥其应有的作用。

起诉书中对事实认定的部分是对所证明犯罪事实的描述，只要写明犯罪的时间、地点，被告人实施了何种犯罪行为，以及犯罪结果即可。此外，在起诉书中应列明对自愿认罪并同意适用简易程序的被告人法定从重或从宽处罚的情节；法院亦应在其裁判文书中标明对被告人的量刑情节。

（3）出庭预案

出庭预案往往以审查报告的附件形式出现，其通常包括所谓的"三纲一书"，即讯问提纲、举证提纲、答辩提纲和公诉意见书。但是现在司法实践的多数情况是将公诉意见书独立出来另列，而不作为出庭预案的组成部分。

出庭预案是公诉人为出庭所作的准备，以应对庭审上可能出现的各种突发情况而进行的科学预判。对于适用简易程序审理的案件的出庭预案可以适当简化讯问提纲、举证提纲和答辩提纲部分，其中，举证提纲往往以证据清单的替代形式出现；而公诉意见书中的公诉词以及答辩提纲只要紧紧围绕案件的量刑问题展开即可，也正因如此，公诉意见书中也往往包含了量刑建议的内容，而不再另行制作量刑建议书。

（4）公诉意见书

公诉意见书是对起诉书的补充，其内容主要包括犯罪事实、社会危害和定罪量刑三部分。其中，对于案件事实部分可以适当简化甚至省略，而仅就社会危害性与定罪量刑予以论述即可。

4. 庭前会议中的证据交换

庭审的主要目的是"查明案件事实"。在适用简易程序审理案件过程中，如果控辩双方对案件事实、证据质证存在观点分歧，之后的程序便难以达到简化或省略的效果，简易程序中缩短时限、提高效率的做法更是无从谈起，而解决这一问题的关键便在于庭前会议制度。

修订后《刑事诉讼法》第182条第2款规定，在开庭以前，审判人员可以召集公诉人、当事人和辩护人、诉讼代理人，对回避、出庭证人名单、非法证据排除等与审判相关的问题，了解情况，听取意见。这就是庭前会议制度的立法规定。

理论界与实务界的不少人均认为，庭前会议一般仅适用于案情相对较为复杂的案件，而对于那些事实清楚、证据充分的被告人认罪的案件则无需召开庭前会议。对此，我们认为适用简易程序的案件如有必要，可以召开庭前会议，理由如下。

一是在庭前会议中需要解决的诸如回避、出庭证人名单和非法证据排除等问题在适用简易程序的案件中同样存在，而且在庭前会议中还可以认真审查被告人自愿认罪及同意适用简易程序审理的真实性问题。

二是法律虽然规定法院在适用简易程序审理公诉案件时可以简化法庭调查和法庭辩论，但并没有对如何简化作出明确规定。因此，法院可以在庭前会议中听取控辩双方对于程序简化的意见，以切实保障当事人的诉讼权利。

三是与当前法院适用简易程序而采取集中审理的方式相呼应，在庭前会议中法院可以听取多个适用简易程序案件的控辩双方的意见，具体安排开庭顺序，以实现提升庭审效率的目的。

四是庭前证据展示便于控辩双方明确争议焦点，使庭审各方有的放矢，防止因证据"突袭"、证据效力等问题造成庭审中止，拖延诉讼。

根据《刑事诉讼法》对阅卷权和辩方审前提交证据的规定，提起公诉前，控方应向辩方展示所掌握的证据，而辩方如果有证据可以证明被告人案发时不在犯罪现场、未达到刑事责任年龄、属于依法不负刑事责任的精神病人的，也应当向控方展示。将一系列对被告人权利的明确、证据的确定等工作放在庭前解决，以此节约庭审时间。庭前会议制度就为控辩双方这一证据交流提供了平台与机会。控辩双方在庭前会议中对案件事实与证据充分交换意见，在庭审过程中，就可以大量简化相应的举证质证程序，对无争议的证据可以简单出示，并且可不再交叉讯问、询问被告人。

5. 公检法的工作衔接

侦查、起诉、审判三阶段的顺畅衔接和有效配合，对真正实现简易程序诉讼效率而言至关重要。因此，我们建议做到以下几点。

一是建立案件集中移送机制。如前所述，检察机关与公安机关可协商确定每周或每月的固定日期，批量集中移送与受理可能适用简易程序审理的轻微刑事案件；检察机关亦可将此类案件批量集中起诉至法院；法院则可将案件批量分案，交由同一审判员或合议庭审理，以便相对集中开庭。

二是建立案件集中开庭机制。检察机关可以定期轮值的方式由专人负责适用简易程序审理公诉案件的出庭，并加强与法院在诉判环节的沟通衔接，及时对部分案件中可能产生认识上的分歧作出必要的说明。

检察机关公诉部门和法院刑庭应将集中开庭衔接机制予以具体细化，特别是在对集中开庭排期时，公诉人、审判人员的确定，审判日期的协调，审判阶段如何告知权利，如何宣读起诉书，如何举证、质证，这些问题最好先以书面的形式确定下来，以期切实提高庭审效率。

为有效落实集中开庭机制，可借鉴新加坡夜间法庭，在法院内部设立专门的刑事简易程序审判庭，专门处理简易程序案件。在每周的特定几天对适用简易程序的案件予以集中受理、集中审理、当庭宣判，尽量做到速审速决，提高办案效率。与此相应，检察机关则可派员对一天内集中审理的适用简易程序的案件集中出庭，以缓解检察官反复出庭、多次出庭、不断出庭所带来的不便。

三是建立公检法横向交流协作机制，对常见的、多发的犯罪证据证明标准予以统一，并将这些标准推广到侦查环节；检察机关则可在侦查监督、审查起诉工作中逐步引导公安机关提高证据收集、运用的水平，以提高案件报捕、报诉的质量。

6. 酌定不起诉的应用

我国目前的不起诉形式有三种，即法定不起诉（也称"绝对不诉"）、酌定不起诉（也称"相对不诉"）和事实不清、证据不足不起诉（也称"存疑不诉"），由于附条件不起诉①不属于终局性的不诉，故不能将其视为一种独立的不诉类型。法定不起诉和证据不足不起诉规定在《刑事诉讼法》第15条、第171条第4款、第173条第1款；酌定不起诉规定在《刑法》第37条、《刑事诉讼法》第173条第2款以及第279条中段。

从诉讼经济原则和罪责刑相适应的原则出发，检察机关对犯罪情节轻微、不需要判处刑罚的部分刑事和解案件可以作出酌定不起诉的决定。② 而情节轻微的刑事和解案件是可以适用当事人和解的公诉案件诉讼程序来进行处理的，这一特别程序实际上就是属于简易程序的范畴。对此，我们不妨借鉴德国的相对不起诉制度，对酌定不起诉在罪行和刑罚适用等范围方面作出具体规定，以此加强对酌定不起诉的实际应用。如对于仅实施了刚刚达到数额起刑点的初犯、双方当事人已经达成和解协议的轻微伤害案件、可能判处拘役及以下刑罚或者适用缓刑的轻微案件可以纳入酌定不起诉的范围。检察改革后，应赋予主任检察官相对不起诉的决定权，主任检察官认为必要时可提请检委会讨论，这样大大节省了适用酌定不起诉的时间，因为目前适用酌定不起诉的案件大部分需提交检委会讨论决定。

7. 建议适用简易程序案件的审批

主任检察官制度是指包括主任检察官、主任检察官办案组以

---

① 附条件不起诉是修订后《刑事诉讼法》未成年人刑事案件诉讼程序中新设的一项制度，分列于第271~273条。

② 许秀立：《简易程序不可过度简化》，载《检察日报》2013年12月1日，第3版。

及他们的组成、运行、管理等相关的法律法规及其他规章制度的总和。[①] 今后，检察机关建议适用简易程序的案件应当需要简化审批程序，原则上可由主任检察官决定，也可直接授权给具有检察员法律职称的案件承办人审批。

8. 律师帮护制度的完善

适用简易程序不仅意味着对被告人可能从宽处罚，同时也意味着被告人放弃了无罪辩护的权利，因此，应尽可能采取措施加强对被告人诉权的保障。[②] 程序的简化并不意味着排除律师的参与，即使是以提高效率为目的，被告人也不能消极被动地等待、承受国家对其实施的刑事处罚，而必须拥有一种最低限度的参与机会和防御机会，确保被告人仍然有获得普通程序审判的机会，即"简易程序中的最低公正标准"。[③] 律师作为专业法律人士，可随时向被告人提供法律咨询，告知并解释其所享有的诉讼权利，还可就是否认罪及其法律后果等提出专业意见。[④] 律师的参与会使被告人的选择更加理性，同时也能从更大程度上保障其选择的自愿性。可以说，在正当程序前提下，律师参与刑事诉讼最重要的任务就是维护当事人的合法权益。因此，完善律师帮护制度有益于在简易程序中加强对犯罪嫌疑人或被告人的基本诉权的保障；此外，律师的参与还可以避免或减少被告人事后反悔等情况出现，进而减少重新启动诉讼程序所造成的司法资源的浪费。因为重新审判所耗费的司法资源要远远多于变更一个刚刚启动的

---

① 陈旭：《探索建立科学的检察办案组织》，载《检察日报》2013 年 8 月 19 日，第 3 版。

② 参见胡森：《加强简易程序法律监督的几个重点》，载《检察日报》2012 年 7 月 16 日，第 3 版。

③ 陈瑞华：《刑事诉讼的前沿问题》，中国人民大学出版社 2000 年版，第 415 页。

④ 田勇：《程序简化与被告人的权益保障等方面的冲突》，载 http://www.doc88.com/p-4069053298720.html，访问日期：2014 年 4 月 29 日。

程序，转而适用另一程序一次性审结所使用的司法资源。① 但是从目前的情况来看，这一制度的作用发挥是不充分的，其效果也不甚理想。

以上海市某区检察院为例，其在适用简易程序进行独任制审理的公诉案件中，2012 年被告人聘请律师为其辩护的，仅占 4%；2013 年占 8%。在适用简易程序进行合议制审理的公诉案件中，2012 年被告人有辩护人为其辩护的占 45%；2013 年占 60%。在上述有辩护人参与的适用简易程序审理的公诉案件中，辩护人提出的大部分有关罪轻的意见均被法院采纳，② 但还有相当一部分没有辩护人参与的简易程序案件中，辩护意见也就无从谈起了，这说明我国律师帮护制度在简易程序中的作用发挥是不充分的。

（1）由于强制措施在某些时候适用不合理，需要律师介入。由于羁押犯罪嫌疑人可减少其脱逃的风险，有利于快速办案，故原本可以不羁押的犯罪嫌疑人由于公安机关办案需要以及报捕率考核等因素而被羁押甚至被延长羁押期限。而若有律师及时介入并提请检察机关进行羁押必要性审查，则可减少这种不合理羁押情况的发生。

（2）辩护律师应依法适时、积极、主动、充分地发表辩护意见，使案件承办司法官能够充分听取并考虑其辩护意见。由于简易程序办案期限较短，等到有些辩护人向检察机关提交辩护意见时，案件往往已经移送法院；另外，由于案情简单、证据充分且犯罪嫌疑人已认罪，检察机关也往往缺乏听取辩护人意见的主动性，对辩护意见审查也不够全面和仔细，甚至认为辩护人的意见会阻碍案件的快速办理，进而忽视其提出的变更强制措施、不

---

① 张品泽：《人本精神与刑事程序：人权保障的一种探索》，中国人民公安大学出版社 2006 年版，第 197 页。

② 姜韬：《修改后刑诉法语境下公诉案件适用简易程序的效率评析》，载上海检察内网 http://www.sh.pro/was5/web，最后访问时间：2015 年 4 月 24 日。

起诉等申请，辩护人的作用有限。

（3）从量刑辩护角度来看，应当为被告人提供无偿的法律援助。保障辩护权积极、有效行使的核心便是获得律师帮助权和法律援助权。① 简易程序中可能被判处 3 年以上有期徒刑的案件其量刑辩护空间较大，被告人需要律师为其辩护的需求也更为强烈。因此，可以考虑给简易程序中可能被判处 3 年以上有期徒刑，而没有委托辩护人的被告人提供无偿的法律援助，并由法院通知法律援助机构指派专职律师为其提供辩护。

（4）借鉴德国引入强制辩护制度，使简易程序律师辩护更具可操作性。大陆法系国家与地区，如德国、日本及我国台湾地区其法律上有关于强制辩护制度的规定。《德国刑事诉讼法典》第 140 条专门规定了强制辩护制度，按照其第 1 款规定，具有下述情况时必须有辩护人参加诉讼：州高级法院或者州法院第一审审判；被指控人被指控犯有重罪；程序可能禁止执业；根据法官的命令或者在法官的许可下，被指控人在监狱里已经至少度过了 3 个月并且至少是在审判开始的两周前不会被释放；进行保安处分程序等。其第 2 款规定，在其他情况下，如果案情重大或者因为事实、法律情况复杂，认为有辩护人参加之必要，或者发现被指控人无力自行辩护，尤其是根据《刑事诉讼法》有关规定为被害人指派律师时，审判长应当依申请或者依职权为被指控人指定一名辩护人。对聋、哑被指控人的申请须予以满足。② 因此，我们可以考虑借鉴德国强制辩护制度，对简易程序中的具体辩护机制作进一步的完善。如规定适用简易程序审理的庭审，辩护律师必须出庭，不得以递交书面辩护意见代替出庭，便于律师及时了解被告人在审判阶段有无被限制或剥夺诉讼权利等情况。

---

① 卞建林：《现代司法理念研究》，中国人民公安大学出版社 2012 年版，第 81 页。

② 张建伟：《刑事司法：多元价值与制度配置》，人民法院出版社 2003 年版，第 89 页。

（5）保障辩护律师的阅卷权和会见权。充分的阅卷和会见是保障辩护权实现的重要前提。因此，检察机关和法院应做到以下几点：一是按照案件信息公开的要求，及时将案件程序性信息在网上公开以方便律师查询；二是在辩护律师依法提出阅卷、会见请求后应及时安排辩护律师查阅相关卷宗、会见案件当事人，而不得拖延、刁难辩护律师。

第三章 刑事简易程序实战技能

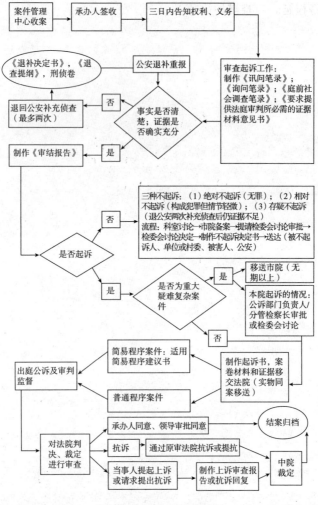

案件管理中心收案 → 承办人签收 → 三日内告知权利、义务

《退补决定书》，《退查提纲》，刑侦卷 ← 公安退补重报

审查起诉工作：制作《讯问笔录》；《询问笔录》；《庭前社会调查笔录》；《要求提供法庭审判所必需的证据材料意见书》

退回公安补充侦查（最多两次） ← 否 ← 事实是否清楚；证据是否确实充分 → 是 → 制作《审结报告》

三种不起诉：（1）绝对不起诉（无罪）；（2）相对不起诉（构成犯罪但情节轻微）；（3）存疑不起诉（退公安两次补充侦查后仍证据不足）
流程：科室讨论→市院备案→提请检委会讨论审批→检委会讨论决定→制作不起诉决定书→送达（被不起诉人、单位或村委、被害人、公安）

是否起诉 ← 否 / 是

是否为重大疑难复杂案件 ← 是 → 移送市院（无期以上）

本院起诉的情况：公诉部门负责人/分管检察长审批或检委会讨论

否

简易程序案件：适用简易程序建议书

普通程序案件

制作起诉书，案卷材料和证据移交法院（实物同案移送）

出庭公诉及审判监督

对法院判决、裁定进行审查 → 承办人同意、领导审批同意 → 结案归档

抗诉 → 通过原审法院抗诉或提抗 → 中院裁定

当事人提起上诉或请求提出抗诉 → 制作上诉审查报告或抗诉回复

公诉案件一审办案流程图

— 64 —

第一节　刑事简易程序办案实践模式

根据我国修订后《刑事诉讼法》《人民检察院刑事诉讼规则（试行）》《关于进一步加强适用简易程序审理公诉案件出庭工作的通知》《关于办理适用简易程序审理的公诉案件座谈会纪要》等法律、司法解释和工作文件，我们认为相对于普通程序而言，刑事简易程序是一种更为简单和快捷的诉讼程序，其有利于繁简分流、精简程序，进而提高诉讼效率，节约司法成本。对此，检察机关在办理简易程序案件时，应当恪守办案效率、办案质量、监督效果、保障人权相统一的原则，进而思考如何在办理简易程序案件过程中简化优化诉讼流程、提升审查案件效率、规范工作模式等问题。以下我们将对此作具体论述与探讨。

一、刑事简易程序适用条件之实践

根据修改后《刑事诉讼法》第 208 条与第 209 条的规定，适用简易程序审理案件，应当符合以下条件：案件事实清楚、证据充分；被告人承认自己所犯罪行，对指控的犯罪事实没有异议；被告人对适用简易程序没有异议。对于被告人是盲、聋、哑人，或者是尚未完全丧失辨认或者控制自己行为能力的精神病人；有重大社会影响；共同犯罪案件中部分被告人不认罪或者对适用简易程序有异议以及有其他相当情形的，则排除适用简易程序。实践中应注意的是，被告人悔罪并非是适用简易程序审理的条件，而必须是被告人对指控的罪名、共同犯罪中承担刑事责任的大小、重要的法定量刑情节均无异议的案件，才可依法适用简易程序。在法庭审理中，则可以适当简化讯问、举证、质证、辩论等程序，并有针对性地突出法庭调查和法庭辩论的重点。[①]

二、刑事简易程序办案模式之实践

如前文所述，实践中简易程序案件的办理模式很多，不少地区的检察机关都进行了探索、实践，以下就几种具有代表性的、典型的简易程序办案模式予以详细介绍。

（一）浙江省："三集中、三简化、两重点、一监督"模式

所谓"三集中"，是指相对集中移送审查起诉、相对集中提起公诉、相对集中开庭审理，实现办案集约化；所谓"三简化"，是指简化文书制作、简化审批程序、简化庭审内容，对可能适用简易程序审理的案件，商请公安机关，尽可能地相对集中移送审查起诉，公诉部门经初步审查认为符合适用简易程序条件的案件，可相对集中分给某一个承办人或某一个办案组办理，而对于同一名公诉人或同一个办案组办理的简易程序案件，则尽可能地协调法院相对集中开庭；"两重点"，即突出"审查案件是否符合适用简易程序的条件以及出庭时如何量刑"这两项重点内容；"一监督"，即加强对简易程序案件的诉讼监督。[②]

依据这一办案模式，办案组每月、每季度可定期轮流办理简易程序案件，同时简化简易程序案件的审批程序，即经检察长授权，由主诉检察官在职权范围内自行决定或由公诉部门负责人批准决定即可。适用这一模式应尽量避免办案人员和出庭人员相分离所带来的弊端。

根据 2012 年 9 月 6 日最高检公诉厅印发的《关于办理适用简易程序审理的公诉案件座谈会纪要》（以下简称〔2012〕高检诉发 51 号文件），在简化文书制作方面，对简单、多发的一类

---

① 王沿琰等：《刑事简易程序制度模式研究》，载《人民检察》2013 年第 12 期。

② 夏凉：《公诉人出庭简易程序的困境及应对》，载《人民检察》2013 年第 22 期。

刑事案件，可以探索采用模板化的审查报告与起诉书；在公诉人宣读起诉书时可直接从"经依法审查查明"部分开始宣读，并可不讯问、少讯问或只讯问关键情节；另外，可从有利于指控犯罪、提高诉讼效率的角度出发选择举证方式，不必机械地遵守一证一质的原则。

（二）上海市："两专人、三集中"模式

上海市目前正在探索建立"专人办理"与"专人出庭"相结合，公安机关相对集中移送起诉、检察机关相对集中起诉和法院相对集中开庭审判相结合的工作机制。所谓专人办理，是指指派专门的办案组或案件承办人办理适用简易程序的公诉案件，并定期轮换。专人出庭，是指一般由主诉检察官集中出庭可能判处3年以下有期徒刑的公诉案件，而由主诉检察官助理集中出庭其中部分简单的公诉案件；一般由案件承办人，即进行案件审查工作的检察人员集中出庭可能判处3年以上有期徒刑的案件。[①] 这一模式同时要求基层检察机关与公安、法院主动协商，促进公安、法院与检察机关案管、公诉等有关部门的沟通协作，通过制定规范性文件等方式，建立适用简易程序案件公安机关相对集中移送审查起诉、检察机关相对集中审查起诉和法院相对集中开庭审判的联动工作机制，避免分散诉判，以减少不必要的重复工作。[②]

在程序简化方面，也规定对于简单、多发性的案件，可制作模板化的审查报告。另可根据实际情况决定是否为办案、出庭检察官配备书记员，以方便其文书送达、出庭记录等事务性工作。宣读起诉书、法庭调查及法庭辩论亦可适当简化。

[①] 徐金贵等：《公诉案件适用简易程序工作机制实践与完善》，载《第九届国家高级检察官论坛论文集》。

[②] 参见吕彪、王卫鹏：《简易程序案件集中审理研究》，载《犯罪研究》2014年第5期。

（三）河南省："三结合、三集中、三规范、三告知、三强化"模式

"三结合"是指：一是上级院指导与基层院推进相结合；二是机制建设与实践探索相结合；三是简易程序与轻刑快审、速裁程序相结合。"三集中"是指：一是实现集中移送。对案情较为简单、犯罪嫌疑人认罪态度好、有可能适用简易程序审理的同类型案件，商请侦查机关尽可能集中移送审查起诉，并在案卷上用铅笔标注"简"字。公诉部门受理后指派专人进行初步审查，在卷宗上粘贴"简易审案件"标签进行集中管理。二是实现集中办理。各地积极探索建立"简案专办""专人出庭"等集中办理机制。驻马店市部分基层院成立简易程序专案小组，办理有可能判处 3 年以下有期徒刑的案件，并于每周一、四集中向法院提起公诉。三是实现集中开庭。加强与审判机关协调，对接集中出庭工作。基层检察院一般建议法院每周固定一天对简易程序案件集中开庭审理，有效节约办案时间和办案成本。"三规范"是指：一是规范讯问方式。对同期可能适用简易程序审理的案件，在讯问犯罪嫌疑人采取集中一个时段进行讯问的方法；对于非羁押的犯罪嫌疑人，则采取同时传唤、分别讯问的方式；对于羁押的犯罪嫌疑人，采取每周集中一至两次到看守所分别进行讯问的方式。二是规范出庭程序。被告人对起诉书中的相关内容无异议的，公诉人宣读起诉书时直接从"经依法审查查明"部分开始宣读；简化举证质证程序和内容，对控辩双方无异议的证据采取分类综合举证的方式；在法庭辩论中，公诉人主要围绕量刑及其他有争议的问题发表公诉意见，庭审时间大大缩短。三是规范庭审时间。通过协调，法院根据被告人的数量和案件复杂程度来掌控庭审时间，一般案件把握在 10 分钟左右，有辩护人参加的公诉案件或者人数较多的共同犯罪案件一般则把握在 20 分钟左右。"三告知"是指：一是适用简易程序告知；二是诉讼权利义务告知；三是量刑建议告知。"三强化"是指：一是强化办案能力；

二是强化内部配合；三是强化审判监督。[①]

（四）福建省："三专、一轮、二集中"模式

"三专、一轮、二集中"是指类案专办、专人审查、专人开庭、定期轮换、集中起诉、集中审理的工作机制。在各办案组内指定专人办理简易程序案件，各组被指定人员在一定时期内专办一至两类简易程序案件，随后定期轮换承办其他类型简易程序案件，并由专人，如主诉检察官对此进行审查，另由专门检察官负责出庭。[②]

这一模式要求检察机关案管部门在受理案件后，根据案件类型对可能适用简易程序审理的案件进行归类分流。同时，加强与公安、法院的沟通协商，由公安机关对事实清楚、证据充分的轻微刑事案件进行相对集中移送审查起诉；检察机关公诉部门则对拟适用简易程序的案件相对集中告知、讯问、提起公诉；法院相对集中开庭审理，对同批次简易程序案件相对集中宣判。

在法律文书简化方面，实行"二书合一"的简化方式，即将量刑建议书作为起诉书的附件，在案件提起公诉时一并移送法院。庭审时，可择要宣读起诉书、省略讯问、概括举证。

三、移送审查起诉的优化实践

（一）移送审查起诉

根据〔2012〕高检诉发 51 号文件，相对集中移送审查起诉可以为简易程序案件相对集中起诉打好基础，但由于侦查工作的特殊性，需要检察机关与公安机关主动沟通协调，在遵循侦查规律的基础上，对于案件事实清楚、证据充分，犯罪嫌疑人承认所犯罪行，并可能适用简易程序审理的案件，商请公安机关在移送

---

① 参见最高检内网"公诉工作情况"相关信息。

② 参见吕彪、王卫鹏：《简易程序案件集中审理研究》，载《犯罪研究》2014年第 5 期。

时和其他案件予以甄别分类，并建议公安机关对该类案件尽可能相对集中移送审查起诉。

（二）证据电子文本移送制度

为加强办案机关之间案件证据电子文本的共享，以公安机关不断推进办案现代化，讯问、询问笔录等证据制作和存储的电子化为契机，加快探索建立与公安机关、法院案件证据电子文本移送制度。

这项制度通过缩短案件审查和文字录入时间，从而提高办案效率，优化办案流程。如浙江省嘉兴市公安机关、检察机关、法院三家联合出台了《关于移送刑事案件证据电子文本的意见（试行）》，对这一制度进行了探索试行，其可借鉴之处有：（1）从立案侦查起，侦查机关要注重搜集有关刑事证据的电子文本。多人承办的案件，应由专人负责搜集。（2）侦查机关在移送审查逮捕、移送审查起诉时，要同时移送案件证据书面卷宗及电子文本。（3）侦查机关经补充侦查获取的证据，也要收集电子文本移送检察机关。（4）检察机关在提起公诉时，要将侦查机关移送的案件证据电子文本以及审查起诉阶段自行搜集或补充收集的证据电子文本一并移送法院。（5）移送证据电子文本原则上包括犯罪嫌疑人、被告人的主要供述和辩解、证人证言、被害人陈述。其他有条件收集到的电子文本也要一并移送。没有电子文本的手工制作的证据材料等可以不移送电子文本。（6）移送证据电子文本应当单独刻录成光盘，不能与审讯录像、监控录像等证据材料合盘刻录。移送的光盘内附证据电子文本目录，并压缩加密，专案专盘。文字类采用 word 格式存储，图片类采用 jpg 格式存储。（7）移送证据电子文本的部门应当注意对电子文本内容的审核，保持与书面材料一致。（8）移送证据电子文本应当办理相关手续，填写移送证据电子文本清单，一式两份。（9）存储证据电子文本的光盘不得在互联网电脑上使用。（10）公安机关法制部门应当配备专用电脑及刻录设备。公检法存储证据电子文本应当使用专用电脑、设备，专人管理，且不得连接互联网。（11）存储证据电子文本的光盘由原审法院案件承办人负责销毁，并建立销毁台账。（12）在移送证据电子文本过程中，应当加强保密工作，落实收集、移送、接收、使用等各环节的保密责任，一经发现泄密情况，应依法依纪追究泄密人员责任。

另外，应根据"两高一部"《关于办理刑事案件收集提取和审查判断电子数据若干问题的规定》适时出台移送职务犯罪案件证据电子文本的相关办法意见，对国家监察部门提出随案移送案件证据电子文本的要求。

（三）专项鉴定"绿色通道"

针对部分轻微刑事案件因价格鉴定意见耗时较长而无法快速办理的情况，部分地区已就价格鉴定开设了"专项绿色通道"。这一工作机制的实践对于提升侵财类轻微刑事案件的办理效率起到较大的促进作用，但其适用范围还有一定的局限。实践中应通过拓宽并完善专项"绿色通道"，将轻微刑事案件中的血液酒精含量鉴定、毒品成分鉴定、简单的伤势鉴定、证件真伪鉴定等纳入其中，进一步提升该类案件快速办理的效果。当然，在鉴定期限方面，也应适当放宽条件，使鉴定机构或部门能应付快速办理案件大幅增加所带来的工作压力。

第二节　刑事简易程序审查起诉实战技能

要在审查起诉阶段充分发挥出刑事简易程序的实战效果，其前提首先要构建一个最优化的办案组织；其次，要在保障诉讼参与人权利、讯问犯罪嫌疑人、审查案件尤其是证据等方面寻求技术性突破；最后，精心并简约地制作审查报告并集中提起公诉。

一、构建最优化办案组织模式

（一）案件受理和分派模式

为适应可能判处 3 年以下刑罚的简易程序案件出庭新要求，

提高案件办理效率，同时保证公诉部门承办人之间工作量和业务技术难度的均衡性，对此可以实行轮值专人审查制，即公诉部门自负责人以下每月指派两名工作人员（其中至少一名具有助理检察员以上资格）组成简易程序案件办理小组，公诉部门负责人分案时将初步确定的除危险驾驶案件以外的其他可作简易程序处理的案件全部交由该组进行预审查，该组成员须在一周内初步审阅案卷并提审犯罪嫌疑人。经预审查，确定可作简易程序处理的案件继续由该组人员承办，如发现该案不适宜适用简易程序办理的，预审查承办人可作出简要说明后将案件退回公诉部门负责人处，由公诉部门负责人另行分派给小组外其他成员办理。如超过半个月尚未退回给公诉部门负责人的，案件仍由原预审查承办人继续办理。

对于危险驾驶案件，一般以速裁程序处理，即公诉部门每月另行指派 4 名工作人员（其中至少两名具有助理检察员以上资格）组成危险驾驶案件专项办理小组，统一负责危险驾驶案件的快速办理。当然，该组成员除危险驾驶案件以外，也须承担一定数量的其他普通程序案件的审查起诉工作。

对可能判处 3 年以上有期徒刑的简易程序案件，公诉部门负责人分案时仍将其归入普通程序案件的序列，由普通程序案件办理小组成员进行审查起诉。

以上三个小组的成员实行每月一轮换的轮值机制，并在每月的 25 日进行轮换更替。

应充分发挥案件管理部门的配合协作功能：在案多人少的地区，可以在简易程序的基础上积极推行轻微刑事案件快速办理机制，在案件管理部门受理登记环节实现案件繁简分流、分工办理；要厘清职责，为公诉部门减负，如公诉部门的统计、录入、分案、装订、复印、移送、送达等事务性工作，可交由案件管理部门负责，减少内部流转，提高工作效率；要与公安机关加强沟通协调，提高移送审查起诉案件的质量和效率，减少退回补充侦查的次数和数量。

（二）刑事简易程序案件的审批

以简易程序起诉（包括可能判处 3 年以上有期徒刑）的，一般由主诉检察官予以审批。案件承办人将案件提交主诉审批时，须同时提交该案件的简易程序适用风险评估表。该风险评估表提取同类案件办案质量风险的细节特征，由承办人据以作出相应评估。主诉检察官根据该评估表审批案件，并对该评估表予以审查签批。

主诉检察官经过审查，确定该案件评估风险确实存在的，应当及时向公诉部门负责人汇报，由公诉部门负责人予以进一步风险评估，必要时，第一时间召集部门人员讨论，综合评估案件办理质量风险，由集体提出补正意见。如经过补正仍不能排除该风险，主诉检察官可将案件发还给承办人，转为普通程序办理；如需进入下一个流程，则出具相应的报告提交分管检察长审批是否提请检委会讨论决定。

二、保障诉讼参与人的权利

（一）合并告知权利义务、听取意见与讯问

根据《刑事诉讼法》第 170 条规定，人民检察院审查案件，应当讯问犯罪嫌疑人，听取辩护人、被害人及其诉讼代理人的意见。针对简易程序案件相对集中办理的特点，应将告知委托辩护人或申请法律援助、犯罪嫌疑人诉讼权利义务、听取其是否同意适用简易程序审理的意见以及讯问合并在一次提审中完成，并且尽量采取相对集中告知的方式，避免多次劳作，提高工作效率。此外，应与本地看守所积极沟通，建立协同联动机制，尽量缩短简易程序案件犯罪嫌疑人提审押解的时间。

附件：

×××人民检察院

犯罪嫌疑人诉讼权利义务告知书

（样　本）

犯罪嫌疑人_____：

你因涉嫌_____一案，现由我院依法审查起诉，依照法律规定，你享有和承担如下主要诉讼权利和义务：

一、权利：

1. 委托辩护人的权利。

2. 申请和接受法律援助的权利。

因经济困难或其他原因没有委托辩护人的，犯罪嫌疑人及其近亲属可以向法律援助机构提出申请。对符合法律援助条件的，法律援助机构应当指派律师为其提供援助。

犯罪嫌疑人是未成年人，盲、聋、哑人，或者是尚未完全丧失辨认或者控制自己行为能力的精神病人，没有委托辩护人的，人民检察院应当通知法律援助机构指派律师为其提供辩护。

3. 申请回避的权利：

对检察人员有下列情形之一的，有权要求其回避：（一）是本案的当事人或是当事人的近亲属的；（二）本人及其近亲属与本案有利害关系的；（三）担任过本案的证人、鉴定人、辩护人、诉讼代理人的；（四）与本案当事人有其他关系，可能影响案件公正处理的；（五）检察人员接受当事人及其委托的人的请客送礼的；（六）检察人员违反规定会见当事人及其委托的人的。

对驳回申请回避的决定，可以申请复议一次。

4. 有使用本民族语言文字进行诉讼的权利。

5. 有申请变更强制措施和要求解除强制措施的权利。被羁押的犯罪嫌疑人及其法定代理人、近亲属或者辩护人有权申请变更强制措施。对于人民检察院采取强制措施法定期限届满的，有权要求解除强制措施。

6. 有申请补充鉴定或者重新鉴定的权利。

7. 对与本案无关的问题的讯问，有拒绝回答的权利。

8. 有书写亲笔供词、核对笔录的权利。

9. 选择是否适用简易程序的权利。

基层人民法院管辖，符合下列条件的，可以适用简易程序：（一）案件事实清楚、证据充分的；（二）被告人承认自己所犯罪行，对指控的犯罪事实没有异议的；（三）被告人对适用简易程序没有异议的。

10. 对于检察人员侵犯诉讼权利和人身侮辱的行为，有提出控告的权利。

11. 犯罪嫌疑人的人身权利、财产权利因人民检察院及其工作人员违法行使职权受到侵犯的，有取得赔偿的权利。

二、义务：

1. 遵守刑事诉讼法及有关规定，接受检察机关依法采取的强制措施及其他诉讼行为。

2. 如实回答的义务。对检察人员的提问，应当如实回答。

3. 接受检查、搜查等侦查行为的义务。在符合法定条件的情况下承受逮捕、拘留、监视居住、取保候审、拘传等强制措施，接受检察人员讯问、搜查、扣押等侦查行为。

以上权利和义务已向我告知。

被告知人（签名）＿＿＿＿＿＿＿

＿＿年＿＿月＿＿日

（二）听取当事人意见

案件承办人受理拟作简易程序处理的案件后，在提审犯罪嫌疑人和会见被害人的过程中，应向其出具专门的简易程序适用意见函，函上列明简易程序的相关法律规定以及可能引起的法律后果，在向当事人阐明利害关系以后，要求其在回执联上写明是否同意的意见并签名捺印以作留存，以此保障简易程序案件办理过程中当事人的诉讼主体地位。

（三）保障律师辩护权利

首先，保障辩护律师的阅卷权和会见权。（1）根据案件信息公开的要求，将案件程序性信息及时录入上网以供律师查询。同时，各办案机关应在阶段性诉讼程序启动或终结时及时告知犯罪嫌疑人或被告人的辩护律师，以方便辩护律师及时阅卷和会见。（2）对辩护律师的阅卷和会见申请及时作出安排。随着司法办案区的不断改进、网上预约制度的进一步完善，辩护律师阅卷将更加方便；而对于适用简易程序快速办理的案件，案件承办人一般应在接到辩护律师阅卷申请的当日或次日安排其阅卷。（3）为配合值班律师制度①的构建与完善，各办案机关应在羁押场所留存相关法律文书（包括起诉意见书、起诉书、量刑建议书等），以便值班律师及时了解案件信息和会见要求提供法律帮助的犯罪嫌疑人或被告人。

其次，认真、充分听取律师的辩护意见。对于辩护律师提出的变更强制措施、不予起诉等申请、有关案件定性、法定量刑情节的意见，检察机关均应当及时予以审查，认为律师的意见不合理的应做好释法说理工作；认为律师的意见正确的则应充分采纳；认为有关意见需要进一步查证的一般应及时退出简易程序，同时调查取证予以查清。

三、集中讯问或远程讯问犯罪嫌疑人

（一）集中讯问

为减少提讯犯罪嫌疑人而在途往返的时间，可以采取集中一

---

① 值班律师制度原为英国、加拿大、日本所实行的一项制度，于2006年引入我国，它是指法律援助机构向法院、公安看守所派驻工作站，安排律师值班，开展法律援助宣传咨询，受理法律援助申请。值班律师提供诉前调解代理、未成年人被讯问时律师到场、刑事速裁案件被告人辩护等免费法律服务。

个时段讯问同期办理的可能适用简易程序审理的犯罪嫌疑人的方法。对于非羁押的犯罪嫌疑人，可以将不同案件的犯罪嫌疑人同时传唤、分别讯问；对于羁押的犯罪嫌疑人，可以到看守所对多起案件的犯罪嫌疑人一次性进行分别讯问。

（二）远程讯问

公诉部门要积极探索信息化服务办案的新方式，注重将日常办案与信息化深度融合。如浙江省义乌市人民检察院、奉化市人民检察院通过远程视频审讯系统在一定程度上缓解了"案多人少"的问题。对于简单轻微的刑事案件，案件承办人足不出院就可以实现对犯罪嫌疑人"面对面"的讯问。以往奔波于检察院和看守所之间需要两三个小时才能完成的提审，运用远程审讯系统只需要二三十分钟就可完成。

远程视频审讯系统的使用步骤如下：先由案件承办人登录"远程视频审讯管理系统"预约远程审讯，再由检察机关派驻看守所检察室的工作人员到看守所办理提审手续，并将犯罪嫌疑人带到装有远程视频审讯系统的审讯室，这样承办人便可通过远程视频审讯系统对犯罪嫌疑人进行"面对面"的讯问了。讯问完毕，笔录发送给驻看守所检察室的工作人员，由其交由犯罪嫌疑人签字确认。[①] 与传统的讯问方式相比，远程讯问中权利义务告知等法律程序一个不少，只是会面的方式变了，然而，小小的变化带来的却是办案时间的大幅节省和效率的极大提高。

（三）标准化简易程序案件讯问笔录制作

针对适用简易程序案件犯罪类型相对集中的特点，故就几类高发案件，如盗窃、抢夺、诈骗等普通侵财类案件、危险驾驶案件、贩卖毒品案件，设计了一套标准化的简易程序讯问笔录样本，以期实现快速讯问之目的。

---

① 范跃红、张代磊：《浙江义乌：远程审讯缓解"案多人少"》，载《检察日报》2013 年 3 月 9 日，第 2 版。

附件：

×××人民检察院

讯问笔录

（样　本）

讯问时间＿＿年＿＿月＿＿日＿＿时＿＿分至＿＿时＿＿分

讯问地点＿＿＿＿＿＿＿＿＿＿＿＿＿＿＿＿＿＿＿＿＿＿＿＿

讯问人＿＿＿＿＿＿＿＿＿＿记录人＿＿＿＿＿＿＿＿＿＿＿

犯罪嫌疑人＿＿在场人（犯罪嫌疑人系未成年人时）＿＿＿

告知：我们是＿＿＿＿＿人民检察院检察人员（出示工作证）。现在依法对你进行讯问，必须如实回答，是否听清楚？

答：＿＿＿＿＿＿＿＿＿＿＿＿＿＿＿＿＿＿＿＿＿＿＿＿＿

问：你的基本情况？

答：姓名＿＿＿＿别名＿＿＿＿绰号＿＿＿＿性别＿＿＿

民族＿＿出生年月（涉及 14、16、18 周岁等责任年龄的，问明具体出生日期，或公历、农历生日）＿＿＿＿身份证号码＿＿＿＿＿籍贯＿＿＿＿

户籍地＿＿＿＿＿＿＿＿＿现住地＿＿＿＿＿＿＿＿＿

文化程度＿＿＿＿＿＿工作单位及职业＿＿＿＿＿＿＿＿＿

被采取强制措施情况＿＿＿＿＿＿＿＿＿＿＿＿＿＿＿＿＿＿

曾受刑事或行政处罚情况＿＿＿＿＿＿＿＿＿＿＿＿＿＿＿＿

问：你以前在侦查机关的供述是否属实？

答：＿＿＿＿＿＿＿＿＿＿＿＿＿＿＿＿＿＿＿＿＿＿＿＿＿

问：侦查机关对你有没有刑讯逼供等违法侦查行为？

答：＿＿＿＿＿＿＿＿＿＿＿＿＿＿＿＿＿＿＿＿＿＿＿＿＿

问：你把涉嫌犯罪的事实经过简单讲一下？

答：＿＿＿＿＿＿＿＿＿＿＿＿＿＿＿＿＿＿＿＿＿＿＿＿＿

问：侦查机关移送起诉意见书认定你涉嫌××罪，你是否自愿认罪？

　　答：＿＿＿＿＿＿＿＿＿＿＿＿＿＿＿＿＿＿＿＿＿＿

　　问：你是如何到案的？

　　答：＿＿＿＿＿＿＿＿＿＿＿＿＿＿＿＿＿＿＿＿＿＿

　　问：根据刑事诉讼法的规定，本案可以适用简易程序审理。如适用简易程序，检察机关审查、人民法院审理期限比普通程序短，对你可依法从宽处理。你是否同意适用简易程序？

　　答：＿＿＿＿＿＿＿＿＿＿＿＿＿＿＿＿＿＿＿＿＿＿

　　问：有无其他补充或说明？

　　答：＿＿＿＿＿＿＿＿＿＿＿＿＿＿＿＿＿＿＿＿＿＿

　　问：有无检举揭发？

　　答：＿＿＿＿＿＿＿＿＿＿＿＿＿＿＿＿＿＿＿＿＿＿

　　问：以上所说是否属实？

　　答：＿＿＿＿＿＿＿＿＿＿＿＿＿＿＿＿＿＿＿＿＿＿

四、羁押必要性审查及非法证据排除

（一）羁押必要性审查

　　羁押的主要目的是保证刑事诉讼的顺利进行以及防止社会危害性，根据修订后《刑事诉讼法》第93条的规定，对于简易程序案件的犯罪嫌疑人也应实行审查起诉环节的羁押必要性审查。在审查的方式上，实行主动审查与申请审查、定时审查和动态审查相结合。案件承办人应对可能判处缓刑、身体状况不适宜继续羁押、达成刑事和解、有急需犯罪嫌疑人本人抚养、照顾的直系亲属等须改变羁押状态的情况进行审查，对犯罪嫌疑人的社会危害性、妨碍侦查可能性、监管帮教条件、悔罪态度等进行综合评估，提出是否改变强制措施的意见；对当事人及其亲属或其委托的辩护人、诉讼代理人提出申请的，亦需对上述情况进行审查和评估，填写羁押必要性审查表，对单项内容逐条分析后得出审查结论。对需要改变强制措施的，经由主诉检察官提出，公诉部门负责人审核，报分管检察长审批决定。

（二）非法证据排除

为严格证据审查，加强对非法证据的排除，案件承办人应从言词证据是否采用非法方式收集，物证和书证等客观性证据的收集是否违反法律规定，是否应予补正或者作出合理解释，拘留或逮捕后是否及时送看守所羁押等方面进行审查，填写非法证据排除审查表，经由主诉检察官报公诉部门负责人审核。

五、制作审查报告

根据〔2012〕高检诉发第 51 号文件，制作简易程序案件的审查报告，应以最高人民检察院公诉厅下发的公诉案件审查报告格式样本为基础，根据案件的具体情况，简化审查报告的内容和格式。由于案件情况千差万别，如何简化、简化到何种程度，各地可以进行研究和探索，不一定采取统一、固定的模式。如广西壮族自治区人民检察院即下发了《简易程序案件实行"表格菜单式"审查报告模式的实施方案》，其以表格为载体，通过将证据进行归类概括，制作成"证据菜单"，引导并帮助办案人员通过"点菜式"的证据选择及运用，完成案件审查。① 对于简单、多发性案件，可以探索采用模板化的审查报告。审查报告中对事实证据的分析论证应贯彻从客观到主观的原则，即遵循先实物证据后言词证据的论证方式，强调实物证据对于认定案件事实的重要性，避免过于依赖言词证据。对于审查报告中有较为详细的证据摘录的，可以不再根据举证质证需要有重点地制作阅卷笔录。制作适用简易程序案件审查报告，应注意与案件管理系统的衔接。

为简化简易程序案件的审结报告格式，与上述标准化讯问笔

---

① 邓铁军：《广西：推行"表格菜单式"办理简易程序案件》，载《检察日报》2015 年 3 月 24 日，第 2 版。

录类似，审结报告亦可按照类案划分进行表格式的填写，每一类案的表格总结该类案件的常见证据和共性问题作为参数，以便作为同类或相似案件办理时的参考。需要判处 3 年以上有期徒刑的简易程序案件也可适用表格式的审结报告模式。

根据最高检的文件精神，结合公诉部门工作实际，按照案件类型，应分门别类制作不同版本的模板化、格式化的简易程序案件审查报告。相对于普通案件的审查报告，其特点主要体现在以下几个方面。

1. 简化审查报告的总体结构。省略"发、破案经过"、"侦查机关（部门）认定的犯罪事实与意见"和"相关当事人、诉讼参与人的意见"三个部分。但在审查认定的事实部分须注明"侦查机关（部门）认定的案件事实与承办人审查认定的事实基本一致"。

2. 简化证据摘录。对证据不需要详细抄录，只需简单列明证据的出处及其所能证明的案件事实即可；但若证据存在瑕疵等问题，应当在该份证据后注明，以客观、全面体现证据情况。

3. 简化"承办人意见"。在承办人意见中写明对案件证据、定性、量刑情节的综合分析意见，但不需要展开分析论证：（1）通过对全案证据情况的总结与评价，得出本案事实清楚、证据确实充分的结论；（2）围绕犯罪构成要件简要论述案件的定性；（3）说明本案是否具有法定、酌定量刑情节以及提出量刑幅度，并提出作起诉或者不起诉处理的意见。

4. 审查报告模板化。对于不同类型的简易案件，可以制作不同的审查报告模板，用填空的方式，提示引导承办人进行填写。对盗窃、诈骗、抢夺等侵财类的简易案件，在"需要说明的问题"部分增加赃物及犯罪所得的追缴情况；对危险驾驶类简易案件，如犯罪嫌疑人醉酒驾驶发生了交通事故，要根据该交通事故的后果，综合评定其醉酒驾驶的社会危害性，并作为量刑建议的一个情节；对故意伤害、交通肇事类的简易案件，在"需要说明的问题"部分需载明进行刑事和解的情况，说明案件是否是因亲友或邻里之间的纠纷引发、双方当事人是否就民事赔偿部分达成和解以及被害人是否提起刑事附带民事诉讼等情况；对开设赌场、容留他人吸毒、容留卖淫等案件，需要论证犯罪嫌疑人的认罪态度、社会危害性等，并作为量刑情节。

附件：
公诉案件（一审）审查报告（简化版样本）

关于犯罪嫌疑人____涉嫌____一案的审查报告

收案时间：____年____月____日

案件来源：____

移送案由：____

犯罪嫌疑人：____

强制措施：逮捕羁押（或取保候审，监视居住）在____（注明地点。一案多人的，可简单注明逮捕或取保候审、监视居住几人即可）

（注明侦查机关或部门名称）承办人：____、____联系电话：_____（注明检察院院名及公诉部门处或科名称）承办人：____、____

承办人意见：____（简要写明结论，如是否构成犯罪、构成何罪等以及处理意见，如起诉、不起诉等）

（侦查机关或部门名称）以____号起诉意见书移送我院审查起诉的犯罪嫌疑人____涉嫌____一案（如果案件是其他人民检察院移送的，应当将改变管辖原因、批准单位、移送单位以及移送时间等写清楚），我院于____年____月____日收到卷宗____册，证物____。依照刑事诉讼法的有关规定，于____年____月__日告知犯罪嫌疑人依法享有的诉讼权利；于____年____月__日告知被害人及法定代理人或者近亲属、附带民事诉讼的当事人及其法定代理人依法享有的诉讼权利；已依法讯问犯罪嫌疑人，询问证人，听取被害人和犯罪嫌疑人、被害人委托的人的意见，以及进行补充鉴定、复验复查、庭前证据交换等（对于刑事诉讼法明确要求履行的程序，如告知权利，讯问犯罪嫌疑人，听取被害人以及辩护人、被害人委托的人的意见等，审查起诉中必须严格履行，因此在审查报告中也必须写明；而对于刑事诉讼法没有强制性要求的，则应当根据办案的实际情况，按照实际所进行的工作予以写明即可），并审阅了全部案件材料，核实了案件事实与证据。现已审查终结，报告如下：

一、犯罪嫌疑人及其他诉讼参与人的基本情况

1. 犯罪嫌疑人基本情况。犯罪嫌疑人____（曾用名____，与案情有关的别名____，化名____，绰号____），男（女），__年__月__日出生（犯罪时年龄____岁），（系盲、聋、哑人等特殊情况的在此注明），身份证号码____，____族，____文化程度，职业（或工作单位及职务），住址____（居住地与户籍地不一致时，用括号注明户籍所在地）。曾受到过行政处罚、刑事处罚的时间、原因、种类、决定机关、释放时间等情况。

犯罪嫌疑人____因涉嫌____罪，于____年__月__日被__执行刑事拘留，____年____月____日经____院批准（或决定），于____年____月____日被____执行逮捕，现羁押于____市____看守所（或取保候审，监视居住在____）。（在审查起诉阶段依法改变强制措施的，应在此部分体现，并写明改变强制措施的时间、内容和理由）

2. 辩护人基本情况。写明辩护人姓名、性别、年龄、工作单位及职务或职业，与犯罪嫌疑人的关系，通讯方式等；辩护人是律师的写明所属律师事务所。（一案多人的，在每个犯罪嫌疑人基本情况后列明其辩护人）

3. 被害人基本情况。写明被害人姓名、性别、年龄（系未成年人的注明出生年月日）、民族、现住址、被害情况等，被害人情况不清楚的，应予以说明。

4. 委托代理人的基本情况。写明参与诉讼人的身份、姓名、性别、年龄、民族、住址、职业或者工作单位及职务，与被害人的关系，通信方式等。

5. 附带民事诉讼原告人情况。个人的，写明姓名、性别、年龄、民族、文化程度、职业或工作单位及职务、住址；系单位的，写明单位名称、所在地址、法人代表姓名、职务、通信方式等。（无附带民事诉讼的，或附带民事诉讼原告人与被害人相同的，此部分省略）

二、认定属于"适用简易程序办理的刑事案件"的理由

经审查，本案符合《刑事诉讼法》第二百零八条、《人民检察院刑事诉讼规则（试行）》第四百六十五条规定的条件，属于"案件事实清楚、证据充分的"案件，经部门负责人批准（或者主诉检察官决定），依法适用简易程序办理，并简化制作案件审查报告。

三、审查认定的事实、证据

经依法审查，现查明：＿＿＿＿（写明犯罪嫌疑人作案的时间、地点、动机、目的、实施过程、手段、犯罪情节、危害后果，以及犯罪嫌疑人作案后的表现，如有无坦白、自首、立功、退赃等事实和情节）

侦查机关（部门）认定的案件事实与承办人认定的犯罪事实基本一致。（不影响案件基本事实及主要情节认定的非主要事实、情节不一致的，简要说明不一致的地方即可；有重大分歧的则不适用该简化版审查报告）

认定上述事实的证据有：＿＿＿＿（证据要按照先客观性证据，即物证、书证、勘验或者检查笔录、鉴定意见、视听资料等，后主观性证据，即证人证言、被害人陈述、同案人供述和犯罪嫌疑人供述和辩解等的顺序列举；可以简单列明证据的出处及其所能证明的案件事实，不必详细抄录；凡是证据存在瑕疵等问题的，应当在该份证据后用括号注明）

四、需要说明的问题

此部分主要是审查报告其他部分无法涵盖而承办人认为需要说明或者报告的事项，如有关未认定的事实和证据情况，案件管辖问题，追诉漏罪、漏犯情况，对共同犯罪案件中未一并移送起诉的同案犯的处理问题，进行刑事和解情况，扣押款物的追缴、保管、移交、处理情况，结合办案参与综合治理、发出检察建议等相关情况，以及需要由检察机关提起附带民事诉讼问题，承办人认为需要解决的其他问题等。

五、承办人意见

写明对案件证据、定性、量刑情节的综合分析意见。由于此类案件事实清楚，没有争议，可不必展开分析论证，但应当包含下列内容：1. 通过对全案证据情况的总结与评价，得出本案事实清楚、证据确实充分的结论；2. 围绕犯罪构成要件简要论述案件的定性；3. 说明本案是否具有法定、酌定量刑情节。

综上，犯罪嫌疑人＿＿＿的行为已触犯《中华人民共和国刑法》第＿＿条（款、项）之规定，犯罪事实清楚，证据确实充分，应当以＿＿罪追究其刑事责任，其法定刑为＿＿。因其具有＿＿量刑情节，故根据＿＿（法律依据）的规定，建议对其判处＿＿（主刑种类及幅度或单处附加刑或免予刑事处罚），＿＿（执行方式），并处＿＿（附加刑）。

依照《中华人民共和国刑事诉讼法》第一百七十二条的规定，应当提起公诉，建议适用简易程序。

【做不起诉处理或其他处理的，可以按照最高检制定的《人民检察院法律文书格式（样本）》中相关文书的结论部分书写】

附件：1. 起诉书或者不起诉决定书草稿；2. 与案件有关的法律法规、司法解释及行政法规等（可根据案件具体情况选择附件的内容）

承办人：＿＿＿ ①
＿＿年＿＿月＿＿日

---

①　文中文书格式样本参考最高检于 2011 年 9 月 5 日下发的《关于印发〈公诉案件（一审）审查报告（普通版样本）〉和〈公诉案件（一审）审查报告（简化版样本）〉的通知》（〔2011〕高检诉发 54 号）。

六、相对集中提起公诉

根据〔2012〕高检诉发 51 号文件，检察机关对于公安机关移送审查起诉的案件，公诉部门承办人经审查认为符合适用简易程序条件的，按照有关规定报请批准后，可以向法院相对集中提起公诉，为法院相对集中开庭审理提供便利条件。在案件较多但条件许可的情况下，为提高出庭效率，检察机关应当与法院积极沟通协调，对于同一名公诉人办理的简易程序案件，尽量相对集中开庭审理，并对同批次简易程序案件相对集中宣判。当然，在实践中，应坚持一案一审的原则，不应将不同案件同庭审理，也不宜同庭对分别审理的不同案件的被告人统一核实身份、告知权利。对于出现此类情形的，检察机关应当依法履行诉讼监督职责予以纠正。

第三节　刑事简易程序庭审实战技能

刑事简易程序出庭模式并不仅仅指公诉人出席法庭这一环节，其还包括庭审程序的启动、庭前的准备、开庭审理、程序的变更、公诉人对庭审活动以及判决、裁定的监督等。[①] 根据修订后《刑事诉讼法》第 210 条第 2 款规定，适用简易程序审理公诉案件，人民检察院应当派员出席法庭。公诉人出庭有利于加强诉讼监督，形成控、辩、审三方诉讼的审判样态，被告人及其辩护人可以与公诉人互相辩论，而辩论的焦点一般将集中体现在法律适用和量刑情节方面。公诉人出庭还可充分发挥其审判监督职能，促使法官正确行使审判权，保障被告人在审判中的合法权益不受侵害。然而，根据修订后《刑事诉讼法》的这一规定，适

---

① 王沿琰等：《刑事简易程序制度模式研究》，载《人民检察》2013 年第 12 期。

用简易程序审理的公诉案件，公诉人出庭没有了例外，其一改以往公诉人可以酌情出庭（以不出庭为常态）的做法，在司法实践中公诉人从基本不出庭至每案必出庭，无疑大大增加了公诉人的工作量，可以说是从一个极端滑向另一个极端，况且修订后《刑事诉讼法》第 208 条的规定使得简易程序的适用范围大大扩展，已丧失其量化的界限标准。如修订前《刑事诉讼法》第 174 条曾明确规定了可适用简易程序的范围及刑罚标准，而修改后的《刑事诉讼法》对此已无具体要求，这使得公诉人出庭简易程序的案件数量激增。经不完全统计，自修订后《刑事诉讼法》实施以来，浙江省宁波地区检察机关办理的简易程序案件增量同比上升近 30%，金华地区则为 45% 左右。在普通程序尚未完善成熟的情况下大量适用简易程序，这不但增加了公诉人的工作量，该做法其本身的正当性也值得怀疑。[①] 为应对出庭工作的种种负担和压力，我们提出以下工作模式及简化措施以期在实际工作中缓解乃至破解上述困境。

一、出庭模式

（一）集中出庭模式

所谓集中出庭模式是指检察机关与法院通过沟通协商，将可以适用简易程序审理的案件定期或者不定期地予以集中开庭，并辅以其他一些相关配套机制的工作方式。其他相关的配套工作机制包括要求公安机关将可能适用简易程序的案件集中移送审查起诉、检察机关集中提起公诉等。

在这一模式下，检察机关实行以办案小组为单位的专人出庭制，由各办案小组自己协商出庭人选，派员轮值出庭；同时，在确保不超期的情况下将受理日期相近的案件于每周固定几日集中

---

① 夏凉：《公诉人出庭简易程序的困境及应对》，载《人民检察》2013 年第 22 期。

提起公诉，向法院移送案卷，并附量刑建议书；法院则在每周固定两日将简易程序案件集中进行开庭。

对于同种类型的简易程序案件，如危险驾驶或盗窃等均可并案起诉、审判，公诉人对犯同种罪的多名被告人同时进行指控，可以缩短累计庭审时间，减少多次开庭的诉累。

（二）专职公诉人出庭模式

这一模式是指检察机关指定符合条件的检察人员作为专职公诉人出庭支持公诉，即专门负责出庭适用简易程序审理的公诉案件。专职公诉人出庭模式，能有效避免繁重的出庭任务以及多个公诉人在法院和检察院之间来回奔波，节约了司法资源。

这一模式也要求对适用简易程序的公诉案件相对集中地移送、审查、起诉、出庭，在办案流程上实现集约化，有效缩短办案周期，但专职公诉人只出庭可能判处 3 年以下有期徒刑的简易程序案件，对于可能判处 3 年以上有期徒刑的简易程序案件仍由案件承办人亲自出庭。

在这一模式下，案件承办人向法院移送案件时，应同时向专职公诉人移送审查报告、起诉书、量刑建议书等文书材料，以便专职公诉人审阅、熟悉相关案情，了解相关证据。

（三）分组办理、相对专职出庭模式

分组办理、相对专职出庭模式要求检察机关公诉部门设立专门的办案组或者办案人员，专职负责简易程序案件的受理、审查，以及出庭工作，其他办案人员则集中精力办理疑难复杂重大的刑事案件。

检察机关需综合考虑案件性质、案情复杂程度、涉案人员情况，同时结合刑罚轻重以及犯罪嫌疑人认罪情况，确定一定的区分标准，对受理案件进行繁简分类。在这一模式下，公诉部门分设普通程序办案组、简易程序办案组以及综合组，且各组成员可以进行定期轮岗式流动。

案件经简繁分流后，"简类"案件进入简易程序办案组予以承办，由 2～3 名公诉人集中办理，填制模板化文书，一般要求在 20 日内办结。对于办结后经审批通过的简类案件，办案组可在同一天内将几个简类案件一并向人民法院相对集中地提起公诉，并由简易程序办案组内承办人出庭支持公诉，特殊情况下亦可由该组内其他公诉人或综合组内公诉人代为出庭支持公诉。对于不宜适用简易程序的重大、疑难、复杂案件，如职务犯罪案件、破坏经济秩序案件、多人多起犯罪案件、可能判处 5 年以上有期徒刑的案件以及被告人不认罪的案件则进入普通程序办案组予以审查处理。

（四）小结

从各出庭模式的具体内容来看，以出庭检察人员与案件承办人是否同一为标准，可以大致将其分为承办人出庭模式、专人出庭模式以及综合式出庭模式三类。从刑事司法办案的亲历性原则而言，承办人出庭可以说是较为理想的简易程序出庭模式，这是因为：一方面，在我国检察机关属于法律监督机关，其权能的行使带有明显的司法属性，尤其是作为其内设业务机构的公诉部门，其所行使的职责无疑属于司法行为，且从目前检察改革的趋势来看，检察行为的司法化属性已经越来越明显，而只要是司法行为则势必讲求其亲历性；另一方面，由案件承办人亲自出庭支持公诉可以保证诉讼监督的实效性，不至于造成公诉人在庭上因不了解案件事实或者证据情况而导致庭审效果不佳等问题。但是，承办人出庭模式在当前面临一定的不利因素——若采这一模式将大大增加基层检察机关办案人员的工作压力。从目前实际情况来看，我国基层检察机关正长年面临"案多人少"的矛盾，而在东部沿海地区这一矛盾尤为突出，其基层检察机关公诉人年均办案数超百件的不在少数，在这种情况下，要求完全由承办人亲自出庭简易程序案件的困难较大，而专人出庭模式则较好地解决了这一现实问题：一方面，由专人出庭可以大大缓解承办人频繁出庭支持公诉所带来的工作压力；另一方面，也可以对承办人的自由裁量权起到一定的限制作用，以确保案件得到公正办理。

当然，专人出庭模式也同样存在一些不足，主要是由于专职出庭人员对案件不熟悉容易导致庭审效果不佳等问题，尤其是在一些有辩护律师参与且对量刑存在争议的案件中，专人出庭支持公诉其效果不甚理想。综合出庭模式，即坚持区别对待的原则，分别采用专人出庭可能判处 3 年以下有期徒刑的案件，承办人出庭可能判处 3 年以上有期徒刑的案件的方式，以此二者相结合的方式可以说是在兼采了上述两种模式优点的基础上，在综合考虑案件的严重程度之后所采取的一种折衷的工作方法。就目前形势而言，综合出庭模式一方面能最大限度地保证公诉人出庭支持公诉的实际效果；另一方面也相对减轻了具体案件承办人的工作负担，在当前基层一线检力不足且案件量居高不下的情况下，不失为一种更优的选择方案。

二、简化庭审程序

（一）庭前准备

1. 制作出庭预案。根据〔2012〕高检诉发 51 号文件，由于简易程序案件事实清楚、证据充分，且相关庭审程序依法可以简化，故无需一律要求制作"三纲一书"，即举证提纲、质证提纲、答辩提纲和出庭公诉意见书，而可以根据简易程序案件的特点制作简要的综合出庭预案。但对于一些案情相对复杂、社会关注度相对较高、新型的以及共同犯罪的案件，则应视案件具体情况制作相应的出庭预案。出庭预案应简明扼要、重点突出，能够满足庭审需要。对于公诉意见书，需要予以积极探索，尝试进行适当的改良，以适应简易程序案件庭审的需要。具体而言，在案件移送法院后，承办人应根据被告人是否可能被判处 3 年以上有期徒刑来决定是否需要另行制作出庭预案。对于可能判处 3 年以下有期徒刑的案件，可直接使用审查报告作为出庭预案；对于可能判处 3 年以上有期徒刑的案件，可以简化出庭预案，包括简化讯问提纲、质证意见等部分，有时仅需准备简明扼要的证据清单及公诉词即可。

2. 进行庭前沟通与准备。公诉部门承办人收到法院送达的同意适用简易程序通知书后，应在第一时间与审判部门承办人进行沟通，就案件基本事实、证据、定性、法定情节及量刑问题与对方交换意见。如能基本达成一致意见，则程序继续进行；如双方之间产生较大分歧，不能统一意见，则需分别向各自上级请示，由上级进行进一步的沟通协调；如最终不能达成一致意见，检察机关应建议审判机关将案件转为普通程序审理。

公诉、审判部门承办人就案件基本达成一致意见后，审判人员可在庭审前 3 个工作日与辩护人进行沟通，并与辩护人交换意见。沟通后如有不同意见的，可在第一时间确定是否继续适用简易程序，并将相关情况尽快反馈给公诉部门承办人。

经过两轮沟通，简易程序案件庭审可顺利进行，但公诉部门案件承办人和出庭人员并非同一人的，双方可在庭审前一个工作日进行最后磋商、衔接，由案件承办人向出庭人员说明该案要点，以确保出庭效果。

（二）基本流程

简易程序案件庭审的法定程序均不得省略，出庭支持公诉的公诉人应对庭审程序的正当性进行法律监督，保证被告人对简易程序的选择权、辩论权、最后陈述权的正常行使。

1. 简易程序案件的庭审可由一名公诉人出庭支持公诉，且其应具有助理检察官以上任职资格。为加快简易程序庭审节奏，快速而完整地记录庭审过程，出庭笔录应采用表格式填写的方式予以制作。

2. 核实被告人相关身份信息。核实被告人身份，这是庭审中不可省略的必要环节。在具体实践操作中，审判人员对被告人相关身份信息在庭审之前就已进行核实，如在送达起诉书和传票时就已对被告人身份、前科等情况予以核实，故在庭审时仅需简要核对即可。

3. 告知被告人诉讼权利。一是告知并询问被告人是否申请回避，二是告知其有辩护的权利。在实践中，一般以权利义务告知书的方式，由法院在送达起诉书时一并书面告知被告人相关诉讼权利义务，开庭时则不再逐一告知，仅可简单询问被告人："送达起诉书时已经书面告知你享有申请回避、自行辩护和委托辩护的权利，你是否清楚自己的权利?"被告人回答"是"后，即进入下一程序。

4. 简化法庭调查是庭审程序简化的重心所在。由于审判长在法庭调查前已经核实了被告人身份等基本情况，为提高效率，可不宣读起诉书中被告人基本情况、案由、案件来源及诉讼过程等内容，而在公诉人宣读起诉书文号后直接从"经依法审查查明"部分开始宣读，之后略去据以认定事实的证据部分，直接从"本院认为"开始宣读，但在宣读前应确认被告人对起诉书中上述相关内容无异议。即在确认被告人无异议的情况下只宣读起诉书中经审查查明的事实和适用法律部分，如一般案件只需宣读起诉主要事实、理由与结论部分即可。对于案情简单的简易程序案件，在确认被告人已收到起诉书副本，充分了解并承认起诉书所指控的犯罪事实的前提下，也可以不宣读起诉书。

5. 讯问阶段，须再次确认被告人同意适用简易程序是否已明确了解法律后果，是否出于真实意志表示。现行《刑事诉讼法》第213条规定，适用简易程序审理案件，不受公诉案件第一审程序关于送达期限、讯问被告人、询问证人、鉴定人、出示证据、法庭辩论程序规定的限制。对于被告人认罪且对起诉书指控的犯罪事实和证据没有异议的，可以不再讯问，但以下情况应当予以讯问：被告人当庭否认非主要犯罪事实的；量刑情节需要核实的；对主要依靠言词证据定案且证据较为薄弱的；关键证据可能引起争议的；共同犯罪案件需要区分刑事责任的。且应先由法官讯问被告人对起诉书中指控的犯罪事实有无异议，如无异议，则不再讯问，而由公诉人举证；如有异议，则问明异议之处，由公诉人对其所持异议的相关事实进行讯问；如果被告人有异议的情节不影响定罪量刑，法庭根据案件情况，可以不再对被告人进行讯问，而直接由公诉人出示证据。当然，在庭审中，可以随时针对新出现的情况进行讯问。讯问时，应当突出重点，同时避免出现以审判人员讯问为主的情况。

6. 实践中，公诉人出庭简易程序出示证据方式多样，各地做法不一。总体上，应从有利于指控犯罪和提高诉讼效率的角度考虑，不宜机械照搬一证一质的原则。对于控辩双方无异议的证据，可以简化举证质证。公诉人可分组、综合、概括性举证，仅就证据的名称及证明事项进行归纳说明，合议庭确认公诉人、被告人、辩护人无异议的，可当庭予以认证，但法庭认为有必要出示、宣读，或者被告人、辩护人要求出示、宣读的除外。对于辩方要求出示的证据、控辩双方存在争议的证据以及法庭认为存在疑点的证据，应当当庭出示、质证。

7. 法庭辩论不一定分定罪辩论和量刑辩论两个阶段，但从定罪辩论向量刑辩论过渡时，应层次分明，即需在法庭调查后进一步确认被告人是否认罪。在被告人认罪的情况下，对定罪问题可以不需要辩论，而仅对量刑问题展开辩论。量刑问题的辩论，也仅针对双方有争议的问题展开，没有争议的则不需要辩论。对于简易程序案件，公诉人应主要围绕量刑及其他有争议的问题发表公诉意见，但被告人对罪名的适用有异议的，公诉意见书应对指控罪名的成立予以详细论证。

控辩双方的辩论原则上在一轮之内完成，公诉人主要就量刑建议及其依据发表意见。对于涉及未成年人犯罪、社会敏感度或关注度相对比较高以及需要进行法制宣传教育的案件，公诉人在对案件的处理意见、适用法律以及量刑建议发表意见后，可视情况对被告人进行释法说理。

8. 对于适用简易程序审理的公诉案件，审判人员应将庭审的重点放在量刑问题上，围绕量刑的情节、证据进行调查和辩论。根据最高人民法院《关于常见犯罪的量刑指导意见》的规定，量刑建议既可以在专门的量刑建议书中提出，也可以在公诉意见书中提出；既可以审前提交书面的量刑建议书，也可以当庭提出具体、明确、规范的量刑建议。对于公诉人出庭的简易程序案件，原则上应制作量刑建议书，有多名被告人的，量刑建议书制作时应保证一人一份。实践证明，这样的量刑建议被法院采纳的比例较高，而超出检察机关量刑建议的范围法院要作出相应的解释说明。

实践中，对量刑建议提出的时间有以下几种做法：一是在检察机关案件审查结束、向法院提起公诉时提出；二是在法庭调查之后、法庭辩论之初提出；三是以被告人是否认罪为标准予以区别对待，被告人认罪、事实比较清楚的案件，其量刑建议可在起诉时一并提出，其他的则在法庭辩论阶段发表公诉词时予以提出。我们支持第一种做法，因为在移送起诉时一并提出量刑建议，如果之后案件情况发生变化，还可以在庭审时提出变更量刑建议。

目前，量刑建议的种类有三个。一是概括型量刑建议，即在指明量刑应适用的刑法条款的基础上，提出从重、从轻、减轻处罚的原则性建议；二是相对确定的量刑建议，即提出一个小于法定刑幅度的量刑区间的建议；① 三是绝对确定的量刑建议，即明确提出应判处的具体刑罚，包括刑种、刑期及执行方式等。现实中，控辩双方很少针对被告人的量刑情节、种类、幅度，进行有针对性的辩论，公诉人一般都是提请法庭注意从重或从轻量刑的情节，很少针对具体的量刑标准、种类、幅度提出明确的意见，这需要在以后的工作中予以改进。〔2012〕高检诉发第51号文件指出，量刑建议书在酌定情节的表述上要严谨，避免出现与案件无关的情节；在量刑建议书中，需引用相关法律条文时，应当

---

① 根据2010年最高人民法院制定的《人民法院量刑指导意见（试行）》的规定，对于当庭自愿认罪的，根据犯罪性质、罪行的轻重、认罪程度以及悔罪表现等情况，可以减少基准刑的10%以下，依法认定自首、坦白的除外。但该指导意见已于2015年1月19日被废止。根据调查研究发现，对被告人认罪并同意适用简易程序审理的公诉案件，适当减轻刑罚的量刑折扣在20%左右比较合适。参见赵宁等：《刑事简易程序扩大化适用问题研究》，载《华东政法大学学报》2011年第3期。

引用刑法、刑事诉讼法及相关司法解释的有关规定，不宜引用内部工作性文件。这是需要引起注意的问题。

9. 在被告人最后陈述阶段，公诉人应注意被告人的陈述是否涉及对简易程序适用的异议。在庭审过程中，如被告人或辩护人提出无罪、对案件主要事实、证据等提出质疑或对简易程序的适用提出异议的，公诉人应及时建议法庭将案件转为普通程序进行审理。①

10. 对于适用简易程序审理的附带民事诉讼的公诉案件，公诉人可以建议法院对刑事部分先予集中审理，随后再对附带民事诉讼部分进行审理。在对此类案件的审判中，公诉人可视具体情况只参与对刑事部分的审理。

（三）小结

在简化庭审程序的过程中，我们认为以下几点需要再次予以重申或强调。

一是绝对不能简化的程序。所谓程序的"简易"只能是庭审的具体环节、流程、步骤的简化，并非诉讼主体与相关诉讼权利的简化。因此，除一般告知外还必须要告知被告人法庭的组成人员；询问其是否申请回避；告知其所享有的诉讼权利，这些程序是绝对不能简化的。

二是在法庭调查阶段，对于可能判处 3 年以下有期徒刑的案件，公诉人可不宣读起诉书全部内容；可以省略当庭讯问；在举证阶段可以不宣读证据的具体内容，只需综合说明证据证明的主要内容即可；在法庭辩论阶段，公诉人只需根据庭审时被告人的辩解进行回应即可。

---

① 这里一般有两种情况：一种是当庭直接由简易程序转普通程序的，如对可能判处三年以上有期徒刑的案件法庭采合议庭审理，而检察机关委派两名公诉人出庭支持公诉的；另一种是需要休庭，择日重新开庭审理的，如法庭采独任制审判的、检察机关仅派一名公诉人出庭支持公诉的、被告人提出要委托辩护律师或依据法律援助规定法庭需为被告人指派辩护律师的。

三是在法庭调查阶段，对于可能判处 3 年以上有期徒刑的案件，公诉人可以只宣读起诉书中被告人的身份信息、主要事实、适用法律及结论；可以省略当庭讯问；在举证阶段可仅就证据的名称、来源及证明的主要内容予以概述；在法庭辩论阶段，公诉人可仅就量刑情节发表公诉意见并进行答辩。

三、公诉人庭审变化应对

（一）对提出"重大社会影响"的应对

修订后《刑事诉讼法》第 209 条规定了排除适用简易程序的情形，该条第 2 项规定有重大社会影响的不适用简易程序。有重大社会影响的案件如果庭审过程过于简略，没有经过充分的举证、质证，就缺乏说服力，无法让公众信服，甚至会使公众对法律产生怀疑；同时，法的教育功能也大打折扣。对于有重大社会影响的案件，应当充分贯彻直接言词、公开审判的原则，在充分的法庭调查和辩论中得出裁判结果，并尽量向社会公众和媒体开放，接受舆论的监督，提高公众对法律的认知和理解。

那么什么是重大社会影响？其程度要达到多少才算在社会上有重大影响？"社会影响"是否属于"重大"本是见仁见智的价值判断问题，更何况社会影响乃是变量，而对其判断也是主观范畴的活动，并无固定衡量标准，这使得公诉人在司法实践中难以拿捏把握。

实践中，一些致人死亡类案件，如过失致人死亡、交通肇事致人死亡等，往往被检察机关、法院定性为具有重大社会影响而适用普通程序进行审理。事实上，犯罪嫌疑人或被告人家属一般会在案发后积极补偿被害人家属，且部分案件也能够获得被害人家属的谅解。对于这类已足额赔偿并获得被害人家属谅解的案件一般而言其社会影响并非重大，应当赋予犯罪嫌疑人或被告人适用简易程序处理的申请权。

庭审中若辩方或被害方提出案件具有"重大社会影响"的

异议，认为不宜适用简易程序的，公诉人应当及时告知该判断属于法庭职权范围，由审判法官决定。

（二）对被告人撤回认罪的应对

被告人"撤回"认罪，即无罪辩护是法院终止简易程序审理的法定情形。中途变更不但不能达到提高诉讼效率的目的，反而比直接适用普通程序审理更为复杂，是司法资源的极大浪费。[①] 因此，保证审判过程中被告人认罪的稳定性和延续性对适用简易程序审理的顺利进行意义十分重大。这就需要检察机关在审前将适用简易程序的法律规定、意义及后果对被告人解释清楚，使被告人在充分了解适用简易程序对自己所产生的法律影响的前提下，依据自己意志作出是否适用简易程序的决定。而在庭审中被告人一旦对适用简易程序审理提出了否定意见，法院就必须变更程序，适用普通程序审理。若法庭拒不变更而继续适用简易程序审理，公诉人应当庭提出纠正意见。

（三）对不宜适用简易程序审理的其他情形的应对

在开庭审理阶段，被告人对犯罪事实予以否认的，不能急于转为普通程序，应先充分向其释法说理，之后再视被告人的意愿决定是否转为适用普通程序审理。对于庭前控辩双方没有进行证据交换的案件，如果庭审中辩方临时提供了影响定罪量刑的证据，就应区别对待：对辩方提交影响定罪证据的，公诉人应建议将案件转为适用普通程序审理，以保证公诉案件的办理质量；对辩方提交只影响量刑证据的，而公诉人又无法当庭核实该证据证明力的，应当建议法庭延期审理。庭审中发现被告人可能不构成犯罪，或不应当承担刑事责任的；案件可能事实不清、证据不足的，且法庭未及时终止简易程序审理的，公诉人应当庭提出检察建议，将案件转入普通程序审理。

---

① 李昌林、顾伟品：《新〈刑事诉讼法〉简易程序实施研究》，载《四川警察学院学报》2013 年第 2 期。

（四）对庭审中被告人翻供的应对

翻供，即推翻供述之意。"翻供"一词本来是司法机关工作人员对司法实践中出现的犯罪嫌疑人、被告人推翻口供内容的一种约定俗成的简化用语，而非严格意义上的法律术语。2003 年最高人民法院、最高人民检察院、司法部《关于适用简易程序审理公诉案件的若干意见》中对"翻供"的定义是："被告人当庭对起诉指控的犯罪事实予以否认。"也即被告人当庭对检察机关所指控的"主要"犯罪事实予以"全部"否认。如果被告人只是对所指控的犯罪事实中的一部分，如一些不影响定罪量刑的情节有质疑或否认，就不能认定为翻供，也就是说只要被告人不否认被指控的主要犯罪事实就不属于翻供。被告人对刑法中犯罪的含义不理解，或在法条援引上与控方持有不同意见，如：对转化犯定性、共犯中主从犯认定、犯罪停止形态区分的不理解而引发对法庭调查的质疑的，也不能将其视为翻供。

综上，在庭审中我们应根据被告人供述和辩解的具体情况作区别对待。

1. 只要被告人对起诉书所指控的犯罪事实基本承认，对比较重要的犯罪事实愿意承担刑事责任，就可以适用简易程序。但前提是对于影响被告人刑事责任的犯罪事实被告人及其辩护人必须没有异议。若部分共犯虽认可被控事实，但不承认自己有罪，如故意伤害、在寻衅滋事、聚众斗殴案件中部分共犯认为被害人有过错在先，自己的行为仅属正当防卫，则不应适用简易程序继续审理。

2. 如果被告人对指控的犯罪事实或具体罪名有实质性的异议，经审判人员或公诉人当庭释法说理后仍有异议的，则须转为普通程序重新进行审理；对于被告人提出的那些不涉及案件主要事实且不影响最终定罪量刑的细节性问题，不作为翻供处理。

3. 被告人承认被控犯罪事实，但对被控罪名有异议的，不妨碍继续适用简易程序审理，但需及时、充分地对其进行释法说理。

4. 被告人承认被控犯罪事实，认可被控罪名，但其辩护人对主要犯罪事实有异议的，公诉人应建议法庭转为普通程序审理。

四、简易程序转为普通程序的基本流程

修改后的《刑事诉讼法》、《人民检察院刑事诉讼规则（试行)》以及最高法《关于适用〈中华人民共和国刑事诉讼法〉的解释》明确规定了不宜适用简易程序的情形。法院在审理过程中，如果发现有不宜适用简易程序审理的情形的，应当转为普通程序重新审理，审理期限从决定转为普通程序之日起计算为 2 个月。这些不适用简易程序的情形包括：（1）被告人的行为可能不构成犯罪的；（2）被告人当庭翻供，对于起诉书指控的犯罪事实予以否认的；（3）事实不清或者证据不足的；（4）被告人对适用简易程序有异议的；（5）属于修订后《刑事诉讼法》第209 条、《人民检察院刑事诉讼规则（试行)》第 466 条或者最高法《关于适用〈中华人民共和国刑事诉讼法〉的解释》第290 条规定的情形的。

在简易程序案件法庭审理过程中，公诉人发现存在不宜适用简易程序审理的情形，需要转为普通程序审理的，应当建议法庭按照第一审普通程序重新审理。如果出现被告人认罪而辩护人作无罪辩护、被告人的辩解对量刑有重大影响、对重要证据的合法性存在争议等情形的，公诉人也应建议法庭转为普通程序审理。

简易程序案件在法庭审理期间由法庭决定变更为普通程序重新审理，公诉部门案件承办人须及时与审判人员沟通，确认变更理由，然后及时填写简易程序变更分析表，注明该案件变更为普通程序审理的具体理由和依据，并将表格交主诉检察官审查，会同主诉检察官一起分析案件转为普通程序后是否存在证据变更问题，是否产生案件办理质量风险，是否需要变更、追加起诉，最终由主诉检察官决定是否可以继续由案件承办人径行出庭。如果不适合径行出庭的，由主诉检察官及时向公诉部门负责人、分管

检察长请示具体的处理方式。如需补充证据的，可经分管检察长
批准向法院申请延期审理。

第四节　刑事简易程序诉讼监督实战技能

想要更好地提升对刑事简易程序诉讼监督的实战效果，就要
在内部监督、侦查监督、审判监督等方面锻炼技能。

一、完善内部监督

（一）建立刑事简易程序办案质量督查机制

"打铁还需自身硬"，为确保案件办理质量不因适用刑事简
易程序快速办理而受到影响，公诉部门应建立一套严格的刑事简
易程序办案质量督查机制。一是注重及时提醒。负责集中出庭的
公诉人对于在集中开庭审理过程中发现的个别案件文书、流转程
序等方面存在的瑕疵，若非系本人办理之案件，应及时向案件承
办人给予书面或口头提醒，要求其采取适当措施进行补正，以确
保所办理案件的质量。① 二是坚持每周例会制度。定期由公诉部
门负责人召集，召开每周例会，对本周例行审核中发现的有关案
件文书质量方面的普遍性、倾向性问题进行排摸、汇总，使部门
负责人及分管领导及时掌握公诉部门案件办理的总体情况，以便
有针对性地采取解决措施。三是定期、不定期地开展案件质量评
查及专项评查，发挥案件办理质量评估预警机制的作用，注重对
案件办理过程中暴露出来的比较集中的问题进行梳理、汇总与分
析，并结合检委会、主诉联席会议等加强对简易程序案件办理的
指导。四是联合本院监察、案管、控申等部门制定案件质量督察

---

① 王志刚、李建波：《简易程序案件监督制约工作机制研究》，载《犯罪研究》
2014 年第 5 期。

机制，由督察小组设定抽查时间，对公诉部门办理的简易程序案件进行定期或不定期的质量抽查，并填写《案件质量督查表》予以备案，发现存在质量问题的，要求案件承办人书面说明情况，并交部门负责人审核。

（二）多渠道征求意见工作机制

针对公诉人出庭支持公诉的庭审监督实效问题，应在内部建立主诉检察官定期旁听制度；在外部建立健全人民监督员与特约检察员定期听庭制度，即定期组织人民监督员与特约检察员参加旁听适用简易程序庭审的案件的活动，以加强庭审活动的社会监督。针对庭审后的监督实效问题，应建立庭后调查制度，如对被告人作问卷调查，以便听取被告人的意见，向被告人了解参与简易程序案件庭审活动的具体情况；对旁听人员进行问卷调查，邀请参加旁听的人民监督员与特约检察员勾选、填写听庭调查表，反馈相关意见；对出庭律师作问卷调查，听取参与庭审活动的律师的意见，以全面了解庭审情况。通过不同层面、不同角度的问卷调查，可以全方位地了解庭审情况，有利于检察机关有针对性地开展法律监督工作。

二、加强侦查监督

（一）羁押必要性审查

审查起诉阶段羁押必要性审查制度的目的是解决实践中存在的"一捕就押、一押到底"的陈腐司法理念下的强制措施适用问题，其中"隐形"的超期羁押和不当羁押问题应该成为"逮捕后羁押必要性审查"工作重点关注的对象。

司法实践中，适用刑事简易程序的案件其被告人被判处的刑罚往往比较轻，但自犯罪嫌疑人被逮捕之日起，至侦查机关侦查终结移送审查起诉，再到检察机关审查起诉，最后到法院判决，少数犯罪嫌疑人或被告人的羁押期限可能已经超过应被判处的刑期。此时，如果公诉部门案件承办人发现这一情况，就不能视而不见，按照办案流程设定继续履行形式上的程序转换，而应当遵循人权保障精神和羁押比例原则，及时变更相应的强制措施。

此外，依据《人民检察院刑事诉讼规则（试行）》的规定，检察机关侦查监督、公诉和监所检察部门，分别负责侦查监督、审查起诉和监所检察等不同检察职能。由于相当部分的犯罪嫌疑人、被告人始终被羁押在看守所、监狱等监管场所，监所检察部门具有接触犯罪嫌疑人、被告人，了解其身体、羁押期限等状况的天然优势。但对于犯罪嫌疑人、被告人的人身危险性、社会危险性评估、可能被判处刑罚的轻重等情况以及案件本身性质、情节、取证情况的了解掌握监所检察部门却不如侦查监督部门和公诉部门。鉴此，侦查监督部门、公诉部门和监所检察部门应该通力合作、互相配合，防止非法羁押、不当羁押等情况的发生，共同保障犯罪嫌疑人、被告人的合法权利。

（二）非法证据排除

修改后的《刑事诉讼法》第50条、第54条至第58条明确规定了非法证据排除规则，并且首次将"不得强迫自证其罪"的概念引入《刑事诉讼法》。非法证据排除规则由此延伸到侦查、起诉、审判等刑事诉讼的各个环节。在适用简易程序的公诉案件中，检察机关同样需要行使法律所赋予的对非法取证行为的调查核实权，承担证据合法性的证明责任及对非法证据的排除责任。即使犯罪嫌疑人或被告人承认自己所犯罪行，也要首先确认其认罪是否出于自愿，侦查机关是否实施了法律所禁止的非法取证行为，对发现存在非法取证行为的要依法予以纠正，对案件中的非法证据也要视证据种类、非法程度等具体情况依法予以排除或补正，严禁为适用简易程序而强迫犯罪嫌疑人或被告人认罪。为此，在简易程序案件审查起诉环节主要从以下四个方面着手去确认是否存在非法证据。

一是认真审阅案卷材料。适用简易程序的案件承办人首先必须严格审阅案件卷宗，从证据材料以及犯罪事实的讯问、询问笔录中去尽力排除非法证据存在的可能性。可以说审查起诉工作是发现、排除非法证据最基本的工作环节与途径。

二是依法讯问犯罪嫌疑人、询问证人以及与案件有关的其他人员。与上述人员的动态性接触可以非常直观地发现有关非法证据材料的存在嫌疑及其相关情况。可以说讯问与询问是更为细致、深入地考察、判断、发现、排除非法证据存在可能性的有效手段与科学方法。

三是全面听取犯罪嫌疑人的辩护人、被害人及其委托的代理人的意见建议。及时与其沟通案件进展情况及信息，一经发现可能存在非法证据的情况，应立即予以核实，在核实后若情况属实则依法予以排除。

四是建立发现非法证据线索的信息对接机制。在简易程序案件审查起诉过程中，应当通过内部网络平台将侦查监督、控告申诉等检察部门获取的相关线索汇集到公诉部门，从而为案件审查起诉提供更多的信息，为发现非法取证的线索拓宽渠道。

三、着力审判监督

检察机关作为法律监督机关，其法律监督贯穿于刑事诉讼活动的全过程。在法庭审判中，依照正当法律程序之要求，实行控辩平等对抗，但检察机关除承担控诉义务外，还承担了客观公正的注意义务，对法院刑事审判活动是否合法进行监督。由此可知，只要是刑事诉讼活动，检察机关的法律监督就不能缺位，其对适用简易程序审理的案件也概莫能外，否则将有损刑事诉讼的核心价值。

(一) 监督贯穿庭审始终

检察机关对法院适用简易程序审理公诉案件的庭审活动是否合法进行监督，且这一监督贯穿于法院审判活动的始终。其主要内容包括：法庭的组成人员是否合法；审判人员是否应当回避；有无侵犯或剥夺被告人或其他诉讼参与人合法权益的行为；有无徇私枉法，故意偏袒一方当事人的行为以及其他违反诉讼程序的行为。检察机关如果发现庭审活动中存在以上违法行为或情况的，应及时提出纠正意见。出庭检察人员应当制作填写《简易程序审判监督表》，将庭审中需要监督的诸如回避、保障诉讼参与人权益等事项逐条列明，并当采用"一庭一表"的形式予以逐项监督。

（二）发挥量刑建议功效

定罪建议权与量刑建议权是提起公诉时两个相互关联的重要权能，也是检察机关对审判机关进行审判监督、保障法律正确统一实施的有效手段。检察机关通过对量刑建议权的合理运用来对审判机关依法正确行使量刑权进行监督。在适用简易程序的公诉案件中，检察机关在制作量刑建议书的同时，应当制作个案估值表，将本院所拟的量刑建议内容（包括主刑、附加刑情况，自首、坦白、立功、累犯及其他量刑情节情况）以表格的形式详细载明，在法院判决书送达检察机关后，将判决书内容以上述同样方式载明，并与自己的量刑建议逐项对比，以便能够直观地显示出法院对量刑建议的采纳情况，此举便于有效监督法院的裁判文书。

具体而言，庭审过程中公诉人应监督辩审两方是否存在遗漏或错误适用法定、酌定减轻、从轻处罚情节或法定从重处罚情节；适用缓刑的建议和决定是否符合法律规定，严格做到不枉不纵，准确量刑，有效地监督并防止法院擅断刑罚。这说明公诉人庭审监督的重点应当落在量刑是否适当以及被告人诉讼权利是否存在被侵犯的情形等几个点上。公诉人对适用简易程序审理的案件的量刑情况予以监督可以参照量刑建议进行，法官如果作出不同于量刑建议的判决，其必须同时作出相应的合理解释，否则公诉人应当考虑是否提起抗诉。

（三）建立专人审查判决机制

专人审查判决机制，是指检察机关对于法院作出判决的刑事案件，依次在案件承办人初审，主诉检察官和部门负责人复审的基础上，再由资深检察官进行专门复查，最后交由分管检察长审批的一种审判监督工作机制。通过构建专人审查判决机制，首先能够充分发挥集中审查的优势，转变思维，拓宽视野，从个案审视类案，从局部放眼整体，从大量的案件中寻找带有倾向性和普遍性的突出问题，以利于类案监督的有效开展。其次能够及时发现并防止同判不同罚，保证类案量刑均衡，为深入开展类案量刑监督奠定制度基础。最后能够集中研究简易程序类案法律适用、证据规格和标准等问题，发现简易程序类案办理过程中倾向性、普遍性问题，借此深入研究分析原因，总结专业化办案经验，提出有针对性的对策措施，有效提高判决监督质量。

检察机关在建立专人审查判决机制的同时，还应积极研发各种软件和数据库以形成该项机制的配套系统，如上海市浦东新区人民检察院由专人将起诉意见书、起诉书、判决书和量刑建议监督表，逐一录入审判监督数据库。根据"三书一表"中存在的差异，从犯罪事实、量刑情节、法条适用、庭审程序等 23 个方面作详细比对，以及时发现个案、类案中存在的问题。

四、审查裁判监督

对适用简易程序审理的公诉案件的裁判进行审查，既是审查起诉工作的必经程序和履行诉讼监督职责的必要环节，也是检察机关发现裁判实体不公和审判程序违法的重要途径。所以不能因为简易程序案件犯罪事实简单、情节清楚、处刑相对较轻，就忽视对其裁判的审查，而是要通过完善相关审查程序、总结科学的审查方法，及时发现案件中存在的程序性和实体性问题，进而采取有力的督促补正措施；要坚决贯彻落实业已形成的裁判审查机制，在收到裁判文书后对其予以及时审查并填写《对法院判决、裁定书审查意见表》报有关领导审批。在对法院裁判文书进行审查时，应重点审查法院裁判认定的事实、罪名与起诉书指控的是否一致，法律适用是否准确，判处的刑种、刑期是否在量刑建议幅度内，以及庭审程序是否合法等内容。对判决认定事实、证据与起诉书内容不一致并影响定罪量刑的，或者适用法律与起诉书不一致的，应按检察机关审查案件的办案程序予以研究解决；对于确有错误并符合抗诉条件的裁判要坚决依法提起抗诉；对法院审判程序违法的情况要及时予以纠正，涉嫌犯罪的则应移交有关部门并予以介入调查；对量刑不当、裁判不公以及裁判文书技术性错误等问题，可以通过检察建议或者检法联席会议等方式予以提出、纠正。

此外，要注意听取被害人及其法定代理人对裁判结果的意见，及时关注申请抗诉的情况，以获取监督信息，拓宽监督渠道，在切实履行诉讼监督职能的同时做好当事人的服判息诉工作；要定期组织检查、评判、通报适用简易程序公诉案件的办案质量情况，建立类案判决专项复查制度，对此项工作做到经常"回头看"，并使该项工作机制固定化、常态化与长效化。

附件：

×××人民检察院
刑事判决、裁定审查表

案件基本情况				
	被告人姓名	起诉罪名	判决罪名	刑种刑期情况
1				
2				
3				
4				
5				
6				
判决、裁定的形式审查				
文书签收日期			刑期计算是否准确	

续表

判决、裁定的程序审查			
是否剥夺诉讼当事人权利		是否依法指定辩护人	
是否依法开庭审理		是否依法适用简易程序	
判决、裁定的实体审查			
认定事实与指控是否一致		不一致的理由是否充分	
采信证据与指控是否一致		不一致的理由是否充分	
适用法律与指控是否一致		不一致的理由是否充分	
量刑与预测是否一致		不一致的理由是否充分	

法定量刑情节适用的审查	自首	立功	累犯	预备	未遂	中止	正当防卫	紧急避险	限制能力	未成年人	盲聋哑	坦白	从犯
	未指控而判决认定的法定情节依据是否充分												
	适用法定情节是否正确												

酌定量刑情节适用的审查	认罪悔罪	赔偿损失	得到谅解	亲友、邻里等纠纷引发案件	
	涉黑涉恐	前科劣迹	老年人犯罪	初犯偶犯	积极退赃
	适用酌定情节是否正确				

附加刑适用的审查	罚金	没收财产	剥夺政治权利	其他附加刑
	附加刑的适用是否符合法律规定			
共同犯罪被告人之间的判决情况审查	各被告人之间量刑是否均衡			
	主、从犯认定是否准确			
漏罪、漏犯案件审查	比照已判决犯定罪，是否准确			
	比照已判决犯量刑，是否均衡			
	漏罪、漏犯是否已追诉			
承办人意见：			年　月　日	
主诉检察官意见：			年　月　日	
处（科）长意见：			年　月　日	
检察长意见：			年　月　日	

　　适用简易程序审理的公诉案件宣判以后，公诉部门案件承办人应在第一时间对一审判决进行集中审查，并根据判决情况及时填写《简易程序案件判决审查表》（该表已提取简易程序案件判决中出现的常见问题作为参考要素）。根据表格内已设定填写要素，承办人需审查案件庭审程序是否规范，确定判决书的事实认定、案件定性、法定情节认定以及量刑是否与检察机关一致，并

查找判决书有无其他瑕疵影响到案件办理质量。承办人填写表格后 3 个工作日之内须将表格交主诉检察官审查。如发现判决与起诉确有明显出入的，或是判决有明显瑕疵的，主诉检察官应将该情况及时汇报公诉部门负责人、分管检察长，确定对该案是否提起抗诉，或将相关情况反馈给审判机关，并与其沟通协调。

对于发现裁判不公的问题，应当坚持具体问题具体分析的原则，针对不同问题采用不同的处理方法：对于符合抗诉条件的，坚决依法予以抗诉；对于刑事裁判过程中不需要通过二审或再审纠正的轻微违法或错误，则应积极运用抗诉以外的诸如检察公函、工作通报和案件协商等途径予以解决。较之于抗诉而言这些方法相对温和，一方面可以快速纠正错误，减少法院的抵触情绪，既节约司法成本，又达到了诉讼监督的目的；另一方面也拓展了监督的方式方法，符合法律监督的职责要求。对于涉嫌犯罪的，则应及时移交相关部门依法予以查处。

实践中，绝大多数简易程序案件都是在三年有期徒刑以下量刑，且量刑幅度较小，寻找抗诉点较为困难。因此，对于适用简易程序的案件检察机关抗诉率很低。根据〔2012〕高检诉发第 51 号文件，对适用简易程序案件检察机关应当加强抗诉必要性审查的研究和探索。

第四章 我国刑事简易程序的制度展望

我国刑事简易程序尚有不成熟、不完善之处，因此也就具有相当的发展空间。在本章中，我们将对我国刑事简易程序立法以及刑事速裁程序试点的现状、具体操作模式及今后的发展趋势作一分析与探讨，并对刑事简易程序多元化格局作一制度性思考。

第一节 立法层面的厘清与规范

根据现有立法规定，我国刑事简易程序有其一定的适用范围与边界，但在证据的确实性、被告人认罪的判断标准等方面仍需要进一步明确与细化。另外，刑事附带民事诉讼以及二审程序应否适用简易程序以及怎样适用等也是值得探讨的实务操作方面的问题。最后，我们将对公诉人出庭简易程序作一实证研究与比较研究，并对这一制度的建构作一立法上的设想。

一、刑事简易程序的适用范围与边界

2012 年修订的《刑事诉讼法》第 208 条、第 209 条对简易程序的适用条件和适用范围作了明确规定，也对适用简易程序审理的案件事实、证据、被告人态度及程序选择权进行了确定，还对适用简易程序审理的案件范围进行了扩充。然而，无论是《刑事诉讼法》还是《人民检察院刑事诉讼规则（试行）》、最高法《关于适用〈中华人民共和国刑事诉讼法〉的解释》都没有进一步明细简易程序的适用条件，在证据充分的具体标准、被告人认罪的程度等规定上也存在缺失。同时，对于适用简易程序

一审的公诉案件，被告人上诉之后二审的程序安排以及对地方司法具有推进作用的刑事二审"简易审"的探索成果，修订后的《刑事诉讼法》均没有涉及。

（一）刑事简易程序的适用条件

1. "证据的确实性"不可或缺

证据的属性包括证据的确实性、关联性和合法性。证据的确实性又被称为证据的客观性、真实性，指刑事诉讼证据是对案件事实的客观反映和真实写照。证据确实是对认定案件事实和准确量刑的证据的质的要求，其主要内容包括据以定罪的证据必须查证属实；经查证属实的每一个证据必须都具有证明力，与待查证的案件事实之间存在客观联系；单个证据的证明力必须与所证明的对象范围相一致；单个证据的证明力推断出的结论具有必然性。

证据充分是对定罪证据数量的要求，是指具有质的证据在数量上必须符合法律关于定罪的要求。① 我国《刑事诉讼法》对侦查机关侦查终结、检察机关提起公诉、审判机关判决有罪的证据标准均要求事实清楚，证据确实、充分。对于适用简易程序的案件，检察机关作为控方理应对侦查机关侦查终结移送审查起诉的证据以及要求侦查机关补充侦查或者自行补充侦查所搜集的证据进行查证，对可能存在的非法证据进行核实排除，对认定的案件事实必须要达到排除合理怀疑的程度，从而在证据审查上达到确实、充分的标准。在实务过程中，绝大部分适用简易程序的刑事案件其庭审程序包括法庭调查、法庭辩论都进行了一定程度的简化，其中关于举证质证环节也进行了简化或者省略，被告人的诉讼权利在一定程度上被克减，因此对适用简易程序的案件证据上不仅要达到充分，而且其确实性也应当在立法中予以明确。

---

① 胡立新：《简易程序案件证明标准不能缺乏"确实性"》，载《人民检察》2013年第3期。

2. 被告人认罪的判断标准

2012 年修订的《刑事诉讼法》对简易程序适用条件进行了修改，被告人认罪和案情清楚两个条件被视为适用简易程序的前提。然而《刑事诉讼法》及相关司法解释对"被告人认罪"均没有明确的认定标准，如何理解被告人认罪成为司法实务中的一道难题。如有的被告人虽然认罪，但是对指控的罪名存在异议；有的被告人在上诉中否认其认罪是出于自愿。对于如何确定认罪，美国的有罪答辩规则值得我国借鉴。对于认罪答辩的有效性，美国确立了答辩的自愿性和理智型两条标准。对于自愿性，美国联邦最高法院以判例的形式予以确定，"除非认罪答辩是通过威胁、误导，或者性质上不适当的许诺，或者因为与检察官工作的不正当关系而诱导得出的，否则就不是被强迫的"。对于理智性，如果被告人没有意识到所答辩的指控的性质、答辩的刑罚后果、通过有罪答辩所放弃的权利性质，那么有罪答辩就是无效的，可以通过上诉申请撤销。如果根据仅仅是被告人或者律师没有正确地评估案件的法律和事实情况，则对一项答辩的异议不可能成立。①

（二）刑事简易程序的适用范围

目前，我国简易程序的适用范围已扩大至基层法院管辖的除危害国家安全、恐怖主义犯罪和可能判处无期徒刑、死刑等案件以外的几乎所有的一审刑事案件（当然还需要满足其他相关条件）。不仅法定刑为 3 年以下有期徒刑的犯罪可以适用简易程序，法定刑为 3 年以上的也可以适用。换言之，部分重罪也可以适用简易程序，也就是由原来的 3 年以下有期徒刑扩展至 25 年以下有期徒刑。将简易程序适用范围扩大至判处无期徒刑以下刑罚的案件，这就包含了过去适用简易程序和普通程序简易审的绝大部分情形，其一方面减轻了适用普通程序的压力，另一方面也

---

① ［美］约书亚·德雷斯勒、艾伦·C. 迈克尔斯：《美国刑事诉讼法精解》，魏晓娜译，北京大学出版社 2009 年版，第 170～173 页。

增加了公诉人出庭的负担。因此，今后的立法趋势应是朝着如何进一步细化简易程序适用条件、合理界定其适用范围以及缓解公诉人出庭压力的方向发展。

除公诉案件外，自诉案件一般也适用简易程序审理。如危害及结果相对较轻的侮辱罪、诽谤罪、暴力干涉他人婚姻自由罪、虐待罪和侵占罪等。

那么刑事附带民事诉讼案件能否适用简易程序呢？如马某故意伤害案，事实清楚、证据充分，被告人认罪且同意适用简易程序，检察机关也建议适用简易程序。据此能否以被害人提起刑事附带民事诉讼为由而必须适用普通程序审理呢？我们认为在符合适用简易程序条件的范围内，被害人及其诉讼代理人没有提出不适用简易程序的正当理由的，均可以适用简易程序审理。

（三）　简易程序审后被告人上诉的二审程序安排

修订后《刑事诉讼法》对简易程序的适用仅限于一审，且对一审简易程序的审理组织、审理方式、庭审程序简化进行了设计，而对于简易程序审后被告人上诉的二审程序却没有进行单独的设计，一审和二审的对接过程中存在的一些问题值得探究。

1. 二审方式

适用简易程序的案件多数为轻微案件，对这类案件的简化处理是建立在犯罪嫌疑人或被告人认罪的基础上进行的。但简易程序案件也存在一定的甚至较高的上诉率。有学者对《刑事诉讼法》修订前被告人认罪的适用简易程序审理后的二审进行过定量分析，发现简易程序审案的 192 个个案中有 180 个被告人选择上诉，上诉事由为事实不清、证据不足、量刑偏重的案件至少有 150 个；在 180 名被告人上诉案件中，有 165 个案件作不开庭审理。[1] 作为对此形势的回应，修订后的《刑事诉讼法》第 223 条对二审开庭的范围和条件进行了细化，规定第二审人民法院对于

---

① 李本森：《被告人认罪简易审案二审的定量分析与相关问题研究》，载《政治与法律》2014 年第 10 期。

被告人、自诉人及其法定代理人对第一审认定的事实、证据提出异议，可能影响定罪量刑的上诉案件应当组成合议庭开庭审理。从该规定来看，绝大部分上诉案件都要开庭审理，这将极大地增加二审法院的办案压力。由于简易程序是平衡效率和公正的产物，在维护被告人权利的同时，也应当考虑司法效率和司法资源的分配问题。因此，对于一审适用简易程序的被告人上诉的案件在二审审理方式上应当设立一定的前提，即法庭可以被告人认罪的自愿性为前提进行审查，对上诉被告人的认罪系非自愿的，应当裁定发回原审法院重新审理；对于被告人自愿认罪的，应当对涉及量刑的事实、证据和法律适用进行实质性开庭审理。

2. 二审内容

根据修订后的《刑事诉讼法》第222条规定，第二审人民法院应当就第一审判决认定的事实和适用法律进行全面审查，不受上诉或者抗诉范围的限制。这表明二审程序的审理内容并未对一审适用的是简易程序或是普通程序作出区分，对于一审适用简易程序的案件二审也需要全案审查，审查的内容为事实和法律适用。那么事实的范围又当如何界定呢？"事实清楚"是否应当包含犯罪事实和自首、立功等量刑事实？有学者认为，有的被告人虽然认罪，但对自首、立功等量刑情节的认定有异议，并对此提出上诉。① 因此，我们认为立法应对二审中审查事实的范围进行一定的细化和界定，这在立法技术上可以采用例举法。

3. 二审中的量刑审查

适用简易程序的案件一般属于事实清楚、证据充分且被告人认罪的案件。经实证分析，在被告人认罪的简易程序案件中80%的被告人选择上诉的原因是认为原审法院量刑偏重，而二审法院

---

① 被告人上诉的具体案例可参见李本森：《被告人认罪简易审案二审的定量分析与相关问题研究》，载《政治与法律》2014年第10期。

对原审法院的量刑却予以全面支持。① 这与我国量刑规范存在疏漏有一定关系。一方面，在多个从重或者从轻情节并存的情况下，量刑规范对如何进行融合、抵消缺乏具体明确的操作标准；另一方面，在被告人认罪的量刑情节和其他具有减轻刑罚的量刑情节交叉出现的时候，被告人认罪的量刑情节如何在刑罚上体现缺乏统一、明确的标准。② 我们认为，被告人认罪而选择适用简易程序，对于节省司法资源起到了积极的作用，因此有必要给予其一定的量刑优惠，并在判决书中明确载明被告人认罪的量刑情况。

4. 刑事二审简易审的经验总结

刑事二审简易审是上海市人民检察院第一分院与上海市第一中级人民法院根据案件的繁简情况进行分流，对二审的审理方式进行简化的一种探索。它是指对于不服人民法院刑事一审判决或者裁定且事实清楚、证据确实充分的上诉案件，在开庭审理过程中，保持审判人员、公诉人、被告人三方诉讼主体结构不变，在充分保障被告人各项诉讼权利的前提下，根据案件的具体情况，适当简化和省略某些庭审环节，使得案件予以快速审理的一种庭审方式。③ 根据上海的司法实践，二审简易审的做法主要有三种：第一种是上诉人对于一审判决认定的事实、证据没有异议，但是对于适用法律、量刑或者自首、立功等认定有争议的案件，在法庭调查中，由审判长就一审判决认定的事实、证据讯问上诉人、询问辩护人和公诉人有无异议，如果无异议，在征求公诉人意见后，对事实不再发问，也不重新举证和质证，直接就争议问题进入辩论阶段，但是有新证据或者一审法庭没有出示的证据，必须举证质证；第二种是上诉人对认定的多个犯罪事实中的部分

① 相关数据参见李本森：《被告人认罪简易审案二审的定量分析与相关问题研究》，载《政治与法律》2014 年第 10 期。

② 本书著者查阅了《浙江省高级人民法院〈关于常见犯罪的量刑指导意见〉实施细则》，并未发现被告人认罪可以从宽量刑的相关规定。

③ 上海市人民检察院第一分院课题组：《关于刑事二审简易审的思考》，载《华东政法学院学报》2001 年第 6 期。

事实有异议的案件，在二审法庭调查中，对于没有争议的事实部分同上述第一种方式审理，而只对有争议的事实部分进行发问、举证质证；第三种是对于那些作案次数多、手法雷同的案件，在发问、举证质证时，也不完全采取"一事一问一证"的方法，而是视双方对事实和证据有无争议的情况而定，对于无争议的部分可以省略，对于有争议的部分则通过归纳法进行调查、质证。[①]

由于我国《刑事诉讼法》对被告人的上诉权严加保护，且修订后的《刑事诉讼法》对二审法院开庭审理的案件范围作了明确规定，与以往关于法官自由裁量是否开庭审理的条件限定相比，实际上开庭审理的范围是有所扩展的。然而，由于一些法院并没有设置专门办理二审案件的法官，其往往由中级或者高级法院办理一审案件的法官兼任，因此二审法官的办案压力较大。以2004 年至 2007 年北京市第二中级人民法院刑庭法官的办案量来分析，人均办案数在 40 件左右。尽管其办案量与基层法院相比显得微不足道，然而中院或高院办理的一审案件的复杂程度却往往是基层法院难以相比的。

近 4 年来北京市第二中级人民法院刑庭法官工作量统计表[②]

年度	2004	2005	2006	2007
全年刑事案件总数（件）	1146	1180	1198	1118
一审案件数量（件）	289	336	352	334
二审案件数量（件）	857	844	846	784
刑庭法官人数（人）	29	29	30	29
人均办案（件/人）	40	41	40	39

① 上海市人民检察院第一分院课题组：《关于刑事二审简易审的思考》，载《华东政法学院学报》2001 年第 6 期。郭立新、郭冰：《案件快速处理程序的改革与立法发展》，载《国家检察官学院学报》2012 年第 5 期。
② 中国刑事二审程序改革与完善课题组：《关于我国刑事二审程序运行情况的调研报告》，载《刑事司法论坛》2010 年第 3 辑。

此外，我国《刑事诉讼法》规定二审法院应当对一审判决认定的事实和适用法律进行全面的审查，但对繁简不同的二审刑事案件，尤其是一审适用简易程序的被告人上诉或者检察机关抗诉的二审案件的审理程序并未作出安排。上海市司法机关试点的刑事二审简易审在庭审程序上进行了有益的探索，但遗憾的是修订后的《刑事诉讼法》并未吸收上海经验的有益部分。

二、刑事简易程序中的公诉人出庭

1996 年的《刑事诉讼法》中有简易程序"公诉人可以不出庭"的规定，在学界有人认为这是一味追求效率、忽视诉讼基本构造的结果。卞建林教授就认为，公诉案件公诉人不出庭，使得诉讼最基本的"控—辩—审"三方结构遭到破坏，审判者代为指控、出示证据，同时作出裁判，公诉职能和审判职能相互混淆、相互交叉，严重违背了诉讼规律；公诉人不出庭还使得法庭辩论无法展开，严重影响被告人辩护权的实现，使各方诉讼职能无法正常发挥。简易程序的适用是公正与效率博弈的结果，是对两种价值的协调与权衡。简易程序本身可能更偏重对于诉讼效率的追求，但绝不能以牺牲公正为代价。[1] 诉讼效率与公正两者关系的平衡成为学术界要求公诉人在简易程序中出庭的理论支撑。而在实务界，大多则从司法资源的有限性和诉讼效率的角度出发来阐述公诉人不出庭的理由，如全国人大内务司法委员会委员戴玉忠认为，检察院没有必要派员出席法庭，简易程序就是想使某些案件程序简单化，有利于提高司法效率，降低成本。对于轻罪、事实清楚、证据充分、认罪的适用简易程序的案件，没有必要让检察机关都必须出庭。本来简易程序就是为了减少有关工作量，现在又规定检察机关出庭，这没有减少工作量。[2] 在仔细考

---

① 卞建林：《扩大适用简易程序：追求效率不牺牲公正》，载《检察日报》2012 年 3 月 29 日，第 3 版。

② 李小健：《优化审判程序：公正与效率兼顾》，载《中国人大》2011 年第 18 期。

量各方理由和意见之后，修订后的《刑事诉讼法》最终仍然作出了简易程序公诉人应当出庭的规定。

对于修订后的《刑事诉讼法》关于"简易程序案件公诉人应当出庭"的规定是否真正实现了公正与效率的平衡，我们认为既应当从实务出发，通过实际办案效果，以实证分析的角度对该规定进行研究，也应当从大陆法系和英美法系国家简易程序中的类似规定出发进行比较分析。

（一）公诉人出庭刑事简易程序的实证研究

《刑事诉讼法修正案》在 2012 年通过之后，在总结上海、成都等地经验的基础上，最高检在 2012 年 3 月 29 日下发了最高人民检察院《关于进一步加强适用简易程序审理的公诉案件出庭工作的通知》，从组织领导、效率提升和经费支出等方面为该项制度的实施作出较为详细的安排，还明确要求到 2012 年 10 月 1 日前，全国刑事简易程序公诉人出庭率达到 50%，到年底原则上达到 100%。[①]

各地检察机关为适应《刑事诉讼法》的修改，在案多人少的情况下，结合地区特点，对简易程序的启动、公诉人出庭支持公诉的原则、方式、庭审的程序进行了制度设计。以浙江省为例，[②] 该省检察机关在修订后《刑事诉讼法》实施之前就已出台了《办理简易程序公诉案件指导意见（试行）》，提出"三集中、三简化、两重点、一监督"的简易程序公诉模式。

这种制度设计对于简易程序的诉讼效率和程序公正会产生哪些实质上的影响呢？我们以浙江省一基层的检察院和法院于 2013 年与 2014 年办理的适用简易程序的刑事案件为样本，将其

---

① 戴佳、徐日丹：《公诉案件简易审年前力争全出庭》，载《检察日报》2012 年 4 月 6 日，第 1 版。

② 之所以以浙江省为例，是因为浙江省为全国经济发达地区，检察机关面临案多人少的问题特别突出。修订后《刑事诉讼法》的修改尤其是刑事简易程序案件公诉人必须出庭的规定对检察机关公诉部门的检察官而言，的确带来了很大的挑战及工作压力。

与 2010 年与 2011 年同期的庭审程序和庭审时间进行比较，进而得出以下结论。

第一，公诉人出庭简易程序的庭审时间，相比于《刑事诉讼法》修改前无公诉人出庭的简易程序，庭审时间明显缩短。[①]这与"三集中、三简化、两重点、一监督"的制度设计有密切关系。因为这种制度对法庭调查、法庭辩论均进行了一定程度的简化，庭审的重点从定罪转移到量刑。庭审程序的简化成为庭审效率提高的有力保障。但这一简化措施并没有针对不同刑期的案件设计与之对应的简化程序，程序简化的随意性较大。

第二，相对于庭审时间的缩短，检察机关和法院的案件承办人的庭外工作时间明显增加。经对 20 名公诉部门办案检察官和刑庭法官的访谈，我们发现公诉人在庭前的准备工作相当繁杂，由其单独出庭支持公诉有一定压力。而对于需要集中开庭的大量案件，办案法官庭审前的阅卷审查工作同样面临压力。"三集中"除集中审判外，集中撰写案件报告、判决书也明显增加了法官的负担。在这种情况下，需要对现行的简易程序，尤其是开庭审理、公诉人出庭等环节进行适当改革，并对不同类别的简易程序案件予以进一步的分流。

第三，由于我国设置的法律援助的范围极其有限，大量适用简易程序案件的犯罪嫌疑人或被告人并未被纳入法律援助的范围。公诉人出庭支持公诉并未有效实现庭审的对抗性，而更多的是一种形式上的表现。因此，仅仅通过立法规定公诉人出庭来保障被告人受到公平审判显然是难以达到理想目标的。

（二）公诉人参加刑事简易程序庭审的域外立法考察

大陆法系和英美法系国家关于刑事简易程序的规定相当丰

[①]　修订后《刑事诉讼法》实施以来，著者通过出庭、旁听及调取 30 起刑事简易程序案件与《刑事诉讼法》修改前的 30 起适用简易程序的案件比对分析，发现公诉人出庭的简易程序案件庭审平均耗时约为 10 分钟，而无公诉人出庭的简易程序案件平均耗时约为 30 分钟。

富、成熟且多元化。各种简易程序对公诉人出庭的规定各有差异，但是均涉及了检察官参与或莅临庭审的具体内容。

我们将分别以德国与美国为例，对刑事简易程序公诉人出庭的域外规定作一简单介绍。

1. 德国

《德国刑事诉讼法典》规定了处罚令程序、简易程序、被告人自白协商等刑事简易程序。在处罚令程序与被告人自白协商程序中，检察官是这两种程序的参与主体。在检察官的参与下，被告人对检察官指控的犯罪作出认罪答辩，法院通过书面审理，省略庭审程序，快速作出刑事裁决。在这两种程序中，检察官被免于出庭支持公诉的义务。但根据《德国刑事诉讼法》第 226 条的规定，在其他简易程序的整个审判过程中，检察机关都必须派员在场，如检察官不在场则不能进行刑事审判；根据《德国刑事诉讼法》第 338 条的规定，如果法官在检察官缺席的情况下进行了审判，就构成了被告人绝对上诉的理由。[①]

2. 美国

《美国联邦刑事诉讼规则》和《美国司法官审理轻微犯罪程序规则》规定了司法官审理轻微犯罪程序和辩诉交易程序这两种简易程序。辩诉交易程序并不经过正式的法庭审理，而是在被告被起诉后，由法官讯问报告人对检察官起诉的罪状有何答辩，同时告知被告人被起诉的事实、被告人的诉讼权利。被告人若和检察官达成辩诉交易，在被告人作出有罪答辩之后，检察官向法官说明交易的内容，由法官直接对被告人判决。在辩诉交易的整个阶段，检察官是全程参与的。

此外，许多涉及轻微犯罪的案件，在美国是由初级法院审理的。被告人初次到庭即被提审和量刑听审。在提审期间被告人作最终答辩；在量刑听审期间法官就宣布刑罚。案件平均在大约两

---

① ［德］托马斯·魏根特：《德国刑事诉讼程序》，岳礼玲、温小洁译，中国政法大学出版社 2004 年版，第 38 页。

分钟内就被处理完。这种轻微犯罪案件的处理程序被形象地称为"装配线"司法。而在这种快速处理程序中，检察官也是必须出庭支持公诉的。马尔科姆·菲利教授对初级法院的初次开庭曾作过精彩的描述：书记官嘟囔出一个名字和一长串数字（标明刑事法典相关章节的数目），接着另一个人（辩护律师）跳出来；同时，另一个人（检察官）一边开始胡乱翻阅一沓刚刚由书记官塞入他手中的文件，一边紧盯着法官，并向法官宣布他要做的有关案件的事项——他是否会延迟一个星期、撤回指控或者促使被指控者答辩有罪。①

（三）公诉人出庭刑事简易程序的制度性展望

我国修订后的《刑事诉讼法》对简易程序的制度设计相对单一，基本上仅对审判阶段的庭审程序作了较为概括的简化安排，既没有根据一定标准对扩展适用的简易程序进行分类和细化，也没有借鉴国外的成熟经验设计多元化的简易程序，对庭审程序进一步简化，推行略式审判。在案多人少的现状下，《刑事诉讼法》推行的简易程序案件公诉人必须出庭的制度可以说很大程度上只是"看上去很美"，实际上并未切实达到刑事案件繁简分流、司法人员工作压力减轻的理想效果。为此，我们认为在现有立法框架下，应当以被告人可能判处的刑罚轻重为标准，对公诉人出庭的程序进行细化，以实现不同类别的案件区别对待；在长远立法规划上，应当积极构建简易程序多元化的立法格局，进一步推动轻微刑事案件快速简化审理，省略公诉人出庭乃至法院庭审的环节。

1. 公诉人出庭刑事简易程序的制度设计

我国修订后的《刑事诉讼法》对公诉人出庭简易程序的规定较为原则，且未对法庭调查、法庭辩论等庭审环节进行分类简化或细化。因此，各地推行公诉人出庭简易程序的方案显得有点

---

① ［美］爱伦·豪切斯泰勒·斯黛丽、南希·弗兰克：《美国刑事法院诉讼程序》，陈卫东、徐美君译，中国人民大学出版社 2009 年版，第 286 页。

散乱而随意。我们认为应根据被告人可能判处的刑罚轻重并结合罪名，对公诉人出庭程序进行统一规范和简化。

（1）定罪量刑无异议

对于案件事实清楚、证据确实充分的轻罪案件，如被告人可能判处 3 年以下有期徒刑，且被告人对定罪量刑均无异议，可对公诉人出庭作如下安排：首先，公诉人可仅宣读起诉书查明的事实和证据清单，由庭审法官询问被告人是否承认犯罪事实。其次，在确认被告人对被指控的犯罪事实和罪名无异议的情况下，庭审中作为定罪程序的法庭调查和法庭辩论可直接省略。最后，公诉人直接发表量刑建议。法官在了解被告人对量刑建议无异议的情况下，可直接宣判。

（2）定罪无异议量刑存争议

在这类可能判处 3 年以下有期徒刑的轻罪案件中，被告人及其辩护人对案件的定罪事实和罪名没有异议，但对量刑及其有关事实、证据存在争议。鉴于此，庭审中应首先由公诉人宣读起诉书查明的犯罪事实和据以定罪的证据清单，然后法官询问被告人对起诉书指控的犯罪事实有无异议；其次，在被告人认罪的情况下，仅需对检察机关的量刑建议进行调查和辩论，对量刑证据进行举证质证和辩论；最后，在法官认定量刑情节的前提下当庭宣判。

（3）可能判处 3 年以上有期徒刑的案件

由于 3 年以上有期徒刑一般是适用于罪行较重的刑罚，在目前正在着力推进的以庭审为中心的司法改革大背景下，应当平衡公平与效率的关系，故对法庭调查和法庭辩论不能全部予以省略。具体流程应是：①由公诉人宣读起诉书；②由合议庭的审判长询问被告人对被指控的犯罪事实是否作出有罪答辩；③公诉人在法庭调查和法庭辩论阶段对需要出示的证据进行分组说明，而对控辩双方无异议的犯罪事实不再作专门说明；④公诉人提出量刑建议及依据，由审判长询问被告人的意见，若无异议则由被告人作最后陈述，若有异议可针对量刑展开调查和辩论；⑤由合议庭当庭宣判。

2. 立法展望

修订后的《刑事诉讼法》对简易程序的改革从表面上来看是对公正与效率的"胜诉",而实质上有一种对简易程序改革指导思想瞻前顾后的感觉。改革一方面考虑"案多人少"的困境,意欲进一步将简易程序塑造成轻罪速决程序;而另一方面,却顾虑程序过于简略可能对被告人诉讼权利保障不力等问题,故又意图将其打造成与之前普通程序简易审差别不大的"准普通程序"。①这导致我国目前简易程序中被告人诉讼权利保障不到位、辩护律师参与度不高以及刑事法风险防范功能扩展等问题。

在未来的修法中,我们认为应在注重保障被告人诉讼权利的前提下,设立多元化的简易速决程序,坚持推行轻微刑事案件书面审;在保障国家利益和被害人权利的前提下,适当扩大检察官的起诉裁量权,对所犯罪行轻微的被告人可作不起诉处理。

从今后的立法趋势来看,可将简易程序控审组织按照被告人可能判处的刑罚轻重划分为三个层次。(1)法定刑在3年有期徒刑及以下的案件,此类案件原则上由审判员一人独任审判,公诉人以不出庭为常态,以出庭为例外,判决后无程序问题被告人不得上诉,为一审终审;(2)法定刑在3年以上10年以下有期徒刑的案件,可以合议庭审理也可以独任审判,公诉人以出庭为常态,不出庭为例外;(3)法定刑可能在10年及以上有期徒刑的案件,必须组成合议庭审理,公诉人必须出庭支持公诉。

对于公诉人不出庭的问题,不少学者均认为,这将导致法官中立地位的动摇,法官事实上不得不同时充当审判者和公诉人这两个互相矛盾的角色,审判活动缺乏有效监督,使原本控辩审三

---

① 左卫民:《简易程序中的公诉人出庭:基于实证研究的反思》,载《法学评论》2013年第4期。

方的平衡性遭到破坏，因此违背了实体公正和程序正义的原则。① 然而事实并非如此。

适用简易程序审理的公诉案件，是由人民检察院建议的，因此，公诉人不出席法庭，并不会影响公诉的效果。起诉书中对案情、事实、证据已作了有力的说明，足已认定被告人有罪，不需要再通过控辩双方的质证和辩论来发现事实真相，故没有支持公诉的必要（但实际上公诉人已经通过法律文书，如起诉书含或附量刑建议书等支持了公诉，而并非由法官代行控诉职能）。因此，检察机关可以不派员出席法庭。② 实践证明，在原简易程序"检察院可不派员出庭"这一规定实行的十多年来，超过60%的适用简易程序审判的案件检察官不出庭，在执行中没有出现过问题。③ 而且检察机关如在量刑建议书中提出较为具体的量刑意见，从监督的角度讲，无疑是对法官自由裁量权的一种制约，有利于避免引起新的诉讼程序，如抗诉，符合简易程序诉讼经济原则。④

针对公诉人不出庭的案件，我们认为应辅之以下述几种配套措施，来保障被告人的合法权益、保证审判的公正性。

第一，应由人民检察院向犯罪嫌疑人送达《适用简易程序权利义务告知书》，告知其适用简易程序的原因、后果及享有的各项诉讼权利（包括获得程序上的便利和结果上的利益——引者注），在犯罪嫌疑人同意适用简易程序后签署《同意适用简易

---

① 详见任华哲、胡梦漪：《我国多元化刑事简易程序构建探讨》，载《湖北社会科学》2011年第8期；高一飞：《刑事简易程序审判中检察制度的完善》，载《河北法学》2007年第7期。

② 陈光中、徐静村主编：《刑事诉讼法学》，中国政法大学出版社2002年版，第289页。

③ 参见黄太云：《刑事诉讼法修改释义》，载《人民检察》2012年第8期。

④ 耿红：《完善适用简易程序审理的刑事案件的法律监督》，载《人民检察》2009年第13期。

程序意见书》,[①] 以最大限度给予其各项普通程序上的权利保障。

第二，如在庭审中出现被告人及其辩护人提出具有自首、立功等从轻、减轻情节，或者对案件定性、量刑提出辩解，或者不宜适用简易程序审理的情况，需要决定是否转换程序,[②] 法官应当宣布暂时休庭，以电话商告检察院。

第三，庭审现场应进行全程同步录音录像，被告人若对庭审程序、诉讼过程、诉讼权利保障等持有异议，可向人民检察院提出并可申请调取庭审录音录像；人民检察院若经及时审查庭审笔录及庭审录音录像后发现庭审过程中确实存在某些瑕疵，应视具体情况或严重程度或向法院发出纠正违法通知书，或向法院进行抗诉，这是一项针对简易程序的救济机制。

第四，在审判结束而判决书尚未定稿期间，独任审判员或合议庭应将判决结果以电信或口头的方式预先告知人民检察院，以便其及时进行庭后审查监督，若有问题可及时发出检察建议；法官如果作出不同于公诉人提出的量刑建议[③]的判决，则必须作出相关解释，如果法院作出解释后公诉人对于判决仍然存在异议的，可以提出抗诉。[④] 应予指出的是，此处法官的相关解释应从认定事实、采信证据、适用法律、定罪量刑、庭审程序、案件审限六方面入手进行阐述，以此进一步保证审案的质量。

所以说，公诉人不出庭的简易程序并非像有的学者所说的"审判监督缺位"，而是依然可以有足够的监督保障审判的中立性和公正性。

---

① 参见刘兆欣、史炎：《公诉人出庭简易程序案件的法律监督》，载《人民检察》2010 年第 21 期。

② 参见黄太云：《刑事诉讼法修改释义》，载《人民检察》2012 年第 8 期。

③ 从广义上讲，量刑建议是一种求刑权，属于公诉权的有机组成部分，构成公诉指控犯罪与追究刑罚的统一。检察机关要正确地提出量刑建议，就必须全面地审查除了犯罪事实以外的其他任何可能影响量刑的情节，尤其要重视对法定情节的审查认定。此外，还应符合宽严相济的刑事司法政策。

④ 王迎龙：《新〈刑事诉讼法〉简易程序公诉人出庭角色与职责的定位》，载《中共山西省直机关党校学报》2013 年第 2 期。

第二节 刑事速裁试点及改革前瞻

在经历了 2006 年年底最高检推行依法快速办理轻微刑事案件等司法实践后,十二届全国人大常委会第九次会议于 2014 年 6 月 27 日表决通过《关于授权最高人民法院、最高人民检察院在部分地区开展刑事案件速裁程序试点工作的决定》(以下简称《决定》)。该《决定》授权"两高"在北京、天津、上海、重庆、沈阳、大连、南京、杭州、福州、厦门、济南、青岛、郑州、武汉、长沙、广州、深圳、西安开展刑事案件速裁程序试点。对事实清楚,证据充分,被告人自愿认罪,当事人对适用法律没有争议的危险驾驶、交通肇事、盗窃、诈骗、抢夺、伤害、寻衅滋事等情节较轻,依法可能判处 1 年以下有期徒刑、拘役、管制的案件,或者依法单处罚金的案件,进一步简化刑事诉讼法规定的相关诉讼程序。该《决定》同时指出,试点刑事案件速裁程序,应当遵循刑事诉讼法的基本原则,充分保障当事人的诉讼权利,确保司法公正。试点办法由最高人民法院、最高人民检察院制定,报全国人民代表大会常务委员会备案。2014 年 9 月 23 日,最高检下发了《关于贯彻执行在部分地区开展刑事案件速裁程序试点工作办法的通知》。目前,在全国共计有 217 个检察院开展了刑事速裁程序的试点工作。

对于此次刑事案件速裁程序试点,"两高"进行了一定的制度安排,其将试点推进工作的具体权限下放到各地司法机关,试图通过地方司法机关制定具体的操作规范进行制度创新或改良,并从中吸取经验为今后我国刑事诉讼法简易程序的完善提供实践样本,但不少具体方案和实施细则仍显粗略。[1]

---

① 卢大海、夏凉:《刑事速裁程序的改革与立法前瞻》,载《人民检察》2015 年第 20 期。

一、刑事速裁试点的原因

（一）刑事案件激增，繁简分流不彻底，案多人少矛盾日益突出

从 2001 年开始，全国法院系统每年受理的一审刑事案件超过 60 万件，至 2011 年刑事一审案件突破 90 万件，2012 年刑事案件总数达到 98 万件。[①] 2013 年，全国法院生效判决刑事案件约 105 万件。[②] 在案件总量逐年上升的进程中，轻微刑事案件的数量及所占比重增长尤为迅速。以北京市为例，2003 年北京市法院系统判决的 16665 人中，3 年以下有期徒刑的有 8681 人，占比为 52.09%；判处拘役的 2406 人，占比 14.44%；适用缓刑的 3123 人，占比 18.74%。而在 2012 年判决的 24086 人中，3 年以下有期徒刑的有 14314 人，占比 59.43%；判处拘役的 5378 人，占比 22.33%；适用缓刑的 6003 人，占比为 24.92%。从总量上分析，判处 3 年以下刑罚的人数从 2003 年的 11087 人上升到 2012 年的 19692 人，所占比重也从 66.53% 上升到 81.76%。[③] 在刑事案件尤其是轻微刑事案件数量急剧增长的背景下，刑事案件繁简分流却存在机制性问题。刑事案件的第一个关口是侦查机关。实践中，侦查机关在案件立案后，并没有根据案件类型、难易程度对案件进行分流，不论犯罪嫌疑人是否认罪、案情是否疑难复杂重大、证据是否确实充分，一概移送检察机关审查起诉，而且还有大量的轻微刑事案件提请检察机关批准逮捕。而检察机关内部虽然有对受理的案件进行繁简分流的机制，但因案多人

[①] 2013 年法院报告公布近五年的刑事案件总数为 414.1 万件，而根据中国法律年鉴的数据，2008 年至 2011 年的刑事案件总数为 316.1 万件。经推算 2012 年刑事案件的总数约为 98 万件。

[②] 郑赫南：《司法领域"试验性立法"开先河》，载《检察日报》2014 年 6 月 13 日，第 2 版。

[③] 北京市人民检察院课题组：《轻微刑事案件司法处置实证研究》，载《法学杂志》2014 年第 7 期。

少、考核机制不完善等原因，其分流机制亦存在不科学、不合理之处。案多人少的矛盾在这一形势下更加凸显。以浙江省一基层检察机关为例，2011 年至 2014 年其侦查监督科办案人员为 5 人，人均办案量为 150 余件，办案人员在 4 年内未有增加；2011 年至 2014 年其公诉科办案人员为 10 人，人均办案量为 180 余件，4 年内人数亦未增加。修订后《刑事诉讼法》实行后，适用简易程序的公诉案件检察机关必须派员出庭，这极大地增加了办案人员的工作压力。①

（二）原有改革存瑕疵，成效不明显

早在 2006 年最高检就出台了最高人民检察院《关于依法快速办理轻微刑事案件的意见》（以下简称《意见》），该《意见》针对案多人少的矛盾，试图通过优化检察机关内设业务机构设置、简化办案流程，对刑事案件进行繁简分流，提高诉讼效率，实现在《刑事诉讼法》规定的框架内压缩办案时间，同时也用于解决轻微刑事案件犯罪嫌疑人审前羁押时间过长的问题。该《意见》对适用快速办理机制的条件和范围进行了规定，要求基层检察机关设置专人办理轻微刑事案件，通过简化办案文书、设置考核激励机制、与公安、法院共同制定有关规范性文件，来压缩办案期限。以深圳市罗湖区检察院为例，2007 年 4 月 3 日该检察院与区公安分局、区人民法院联合签署了《轻微刑事案件快速审理办法》，全面启动轻微刑事案件快速办理机制。自 2007 年 4 月 10 日至 2008 年 5 月底，该地区公安机关适用快速审理程序提请批准逮捕案件 804 件，占案件总数的 38.8%，公安机关平均侦查办案时间为 20 日；检察机关适用快速审理程序办理案件 860 件，占案件总数的 36.37%，平均办案时间为 10 日，其中

---

① 以浙江省为例，在 2015 年"两会"期间，浙江省人民检察院检察长陈云龙向记者说明浙江省检察系统出现优秀公诉人、侦查监督检察官大量离职的状况。北京市人民法院院长在"两会"期间向媒体说明近十年来，北京市法院系统离职的法官已经占到法官总数的 20%。

审查批准逮捕 3 日，审查起诉 7 日；该地区人民法院适用快速审理程序作出判决案件 843 件，占总判决数的 35.2%，平均审判时间为 13 日。① 从这组数据来看，在诉讼效率与犯罪嫌疑人、被告人的诉讼权利尤其是羁押期限方面得到明显改善，可以说改革取得了一定的成效。

然而该《意见》已于 2013 年被废止。我们认为快速办理机制的改革成效不大是该《意见》被废止的一个重要原因。首先，该《意见》只是检察机关发布的规范性文件，其内容以优化检察机关办案流程、完善业务机构设置为重点，但就如何简化公安机关、法院对轻微刑事案件的处理则并无相关的指导性文件，因此在实际衔接、沟通、协调中存在一定困难。其次，该《意见》虽要求检察机关设立专门的办案小组来办理轻微刑事案件，但由于并无具体的制度设计，各地基层检察机关在贯彻落实方面存在一定差异，有的地方案件承办人不仅需要在法定期限内办结重大、复杂、疑难案件，还需要压缩法定办案期限办结轻微刑事案件。因此，该《意见》的实施不仅没有减轻工作负担，还增加了办案人员的工作压力。

（三）犯罪嫌疑人或被告人诉讼权利的实现途径需要得到改善

在西方法治健全的国家，刑事案件的犯罪嫌疑人或被告人享有被迅速审判、快速处理的权利。快速处理一方面能够将与公开追诉相伴而来的焦虑和担忧以及其他的候审期间的烦恼和不确定性降到最小程度；另一方面在犯罪嫌疑人或被告人被审前羁押的情况下，快速处理将不适当和压制性的拘禁减少到最低限度。② 同时，正如"迟到的正义非正义"的谚语所揭示的道理，快速

---

① 孟昭文：《依法快速办理轻微刑事案件的实践操作》，载《人民检察》2008 年第 18 期。

② ［美］约书亚·德雷斯勒、艾伦·C. 迈克尔斯：《美国刑事诉讼法精解》，魏晓娜译，北京大学出版社 2009 年版，第 156 页。

处理刑事案件能够使得刑罚的威慑目标和报应目标得到更好的阐释。然而在我国，刑事案件的审前羁押率和羁押期限是相当惊人的。根据中国法律年鉴的数据，从 1992 年到 2013 年间，审前被羁押的犯罪嫌疑人的比率最低为 2013 年的 66.4%，而最高比例为 1993 年的 110.94%，且在此期间有 7 年的审前羁押率超过 100%。

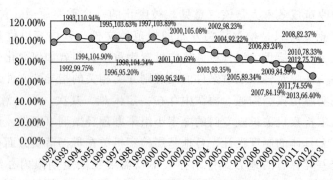

1992 年至 2013 年审前羁押率折线图

在审前被羁押的犯罪嫌疑人或被告人中，有相当一部分为轻微刑事案件。这类案件的犯罪事实基本上已在侦查阶段查清，涉案的犯罪嫌疑人或被告人已无继续关押的必要，但在公安机关逮捕率、刑拘数等考核指标的影响下以及确保诉讼衔接顺利，犯罪嫌疑人或被告人被批准逮捕继续羁押，甚至出现有的犯罪嫌疑人或被告人被羁押的时间已经超过其应当被判处的刑期这一"刑期倒挂"的现象。这一现状显然违背了《刑事诉讼法》的立法初衷。在目前中央倡导依法治国、保障人权的大背景下，刑事速裁程序试点正当其时。

（四）我国刑事简易程序需要进行多元化的探索

修订后的《刑事诉讼法》对简易程序的适用范围、审判组织、审理方式、期限及救济措施等进行了一定程度的完善，但仍将简易程序主体局限于审判阶段，也未明确庭审程序较之普通程序的具体简化措施。随着《刑法修正案（八）》《刑法修正案

（九）》的相继出台以及劳教制度的废止，我国刑法的犯罪圈有所扩展，如何激活简易程序的神经中枢，改变"简者不简"的司法现状，这已成为实务界和学术界共同关注的焦点。我国现行的简易程序设计粗糙、单一，运作思路僵化，难以达到兼顾公正与效率的效果，而刑事速裁程序试点正是对简易程序多元化格局的一种有益尝试。

二、刑事速裁试点方案介评

2014年刑事速裁程序试点工作开展以来，各地司法机关在政法委牵头下，纷纷根据本地区情况制订了试点方案。除"两高"明确授权的18个城市外，安徽、宁夏、山西、黑龙江、青海、江西、甘肃、四川、河北等省份也在部分所属城市试行轻微刑案快速办理机制。其中，2014年7月7日，四川省"公检法司"联合下发了《关于依法快速办理轻微刑事案件的实施办法（试行）》，要求轻微刑事案件在公、检、法的办理时限最长分别为15日、10日、10日。广州市越秀区"公检法司"则联合制定了《广州市越秀区刑事案件速裁程序操作规程（试行）》。据悉，这一《规程》试行以来，该区法院平均每天审理案件6～7件，一天最多审理13件，而每起案件从立案到全部处理完结，一般仅需7日。从2014年10月试点开始，至2015年3月26日，该区法院速裁办案组以刑庭17.65%的人力完成了全庭46.23%的案件量，当庭宣判率达97.3%。[1]

（一）"两高两部"试点办法

2014年8月22日"两高两部"发布《"两高两部"关于在部分地区开展刑事案件速裁程序试点工作的办法》（以下简称《办法》），该《办法》是在修订后《刑事诉讼法》规定的简易程序的基础上对轻微刑事案件办理程序的再次简化。与2012年

---

[1] 详见刘冠男等：《广州一法院试点刑事速裁 最快审案仅用5分18秒》，载《南方日报》2015年4月8日。

修订的《刑事诉讼法》关于简易程序的规定相比，该《办法》主要从保障犯罪嫌疑人或被告人的合法权益（包括强制措施、法律援助、程序选择权）、强化检察机关在速裁程序中的地位（主要是凸显量刑建议权）、简化庭审程序、延伸执行程序等四个方面对轻微刑事案件的公正与效率进行了平衡。经统计，截至2016年6月30日，试点地区检察机关适用速裁程序案件56420件58500人，案件数占同期办案总数的15.70%。其中，检察机关建议适用速裁程序的占66.07%。①

1. 保障犯罪嫌疑人或被告人的合法权益

该《办法》对适用速裁程序的犯罪嫌疑人或被告人严格限制适用逮捕措施，对于符合取保候审、监视居住条件的犯罪嫌疑人或被告人，禁止采取逮捕措施。只对出现违反取保候审、监视居住规定，严重影响诉讼活动的情况时，才可采取逮捕措施。这一规定能有效降低审前羁押率，是对刑期倒挂现象的一种警戒。②

由于刑事速裁程序简化了庭审程序，因此该《办法》规定了法律援助值班律师的参与以保障犯罪嫌疑人或被告人的诉讼权利。③法律援助值班律师通过阐释刑事速裁对犯罪嫌疑人或被告人的积极影响，帮助犯罪嫌疑人或被告人评估所适用的法律以及检察机关提出的量刑建议，从而抵消适用速裁程序的消极影响。

另外，刑事速裁程序也赋予了犯罪嫌疑人或被告人对程序启

---

① 最高检：《刑事案件速裁程序试点工作：深化试点工作 总结试点经验》，最高检微信2017年2月9日推送。

② 具体内容可参见该《办法》第3条："适用速裁程序的案件，对于符合取保候审、监视居住条件的犯罪嫌疑人、被告人，应当取保候审、监视居住。违反取保候审、监视居住规定，严重影响诉讼活动正常进行的，可以予以逮捕。"

③ 具体内容可参见该《办法》第4条："建立法律援助值班律师制度，法律援助机构在人民法院、看守所派驻法律援助值班律师。犯罪嫌疑人、被告人申请提供法律援助的，应当为其指派法律援助值班律师。"

动的选择权，包括被告人有权申请不公开审理。[1] 这凸显了犯罪嫌疑人或被告人在刑事诉讼过程中的主体性。同时，该《办法》还规定了检察机关审查起诉及法院审理案件的具体期限，在办案期限的压缩上体现对犯罪嫌疑人或被告人诉讼权利的保障及对诉讼效率的追求。[2]

2. 强化检察机关在速裁程序中的地位

与 2012 年修订的《刑事诉讼法》相比，该《办法》对检察机关的量刑建议权进行了强化。在速裁程序的适用条件中，明确规定犯罪嫌疑人或被告人需同意检察机关提出的量刑建议；在速裁程序的除外条件中，也明确规定法院审查发现量刑建议不当的要排除适用。这说明，检察机关量刑建议权（求刑权的一种）已越来越被重视，如何进一步规范行使量刑建议权将成为检察机关的一项重要任务。

3. 简化庭审程序

2012 年修订后的《刑事诉讼法》要求对适用简易程序审理的案件在庭审程序上进行简化，但是具体如何简化、简化到何种程度，《刑事诉讼法》并未作出明确规定。[3] 该《办法》明确规定了审判人员应当庭询问被告人对被指控的犯罪事实、量刑建议以及适用速裁程序的意见，听取公诉人、辩护人、被害人以及诉讼代理人的意见后，被告人无异议的，可以省略法庭调查、法庭

---

① 具体内容可参见该《办法》第 5 条第 2 款："辩护人认为案件符合速裁程序适用条件的，经犯罪嫌疑人同意，可以建议人民检察院按速裁案件办理。"第 12 条："人民法院适用速裁程序审理的案件，被告人以信息安全为由申请不公开审理，人民检察院、辩护人没有异议的，经本院院长批准，可以不公开审理。"

② 检察机关应在受理案件后 8 个工作日内作出是否提起公诉的决定；法院适用速裁程序审理案件，应在受理后 7 个工作日内审结。具体可参见该《办法》第 8 条前段和第 15 条。

③ 修订后《刑事诉讼法》第 213 条规定，适用简易程序审理案件，不受本章第一节（即公诉案件一审普通程序）关于送达期限、讯问被告人、询问证人、鉴定人、出示证据、法庭辩论程序规定的限制。但在判决宣告前应当听取被告人的最后陈述意见。

辩论，并使用格式文书当庭宣判。① 该《办法》还规定适用速裁程序的案件由审判员独任审判，并当庭宣判。② 庭审程序的简化也是对诉讼效率的追求，但是否预示着轻微刑事案件书面审的一种演进，尚值得继续关注其动向。

4. 延伸执行程序

该《办法》第 7 条规定了司法调查评估。这表明司法机关对于适用轻刑的一种审慎的态度，即对于可能适用轻刑（主要是非监禁刑）的案件，检察机关的量刑建议以及法院的刑事判决需建立在对犯罪嫌疑人或被告人社会背景、家庭状况以及社区意见的调查评估上。当然，这也是一种立法倾向，反映出刑事速裁程序从审判阶段延伸到刑罚执行阶段，也反映出审后阶段的执行程序向审前阶段延伸的可能性。

尽管该《办法》对刑事案件的繁简分流、犯罪嫌疑人或被告人的权益保障的规定有了一定进步，但仍存在一些不足之处：首先，刑事速裁程序对公安机关在侦查阶段如何对刑事案件进行繁简分流，实现轻微刑事案件快速办理缺乏关注和制度设计；其次，该《办法》也未对检察机关办理轻微刑事案件时的起诉裁量权（包括相对不诉、绝对不诉、存疑不诉、附条件不起诉）以及检察机关内部办理组织审批层级等问题进行规范。与该《办法》对法院的关注度相比，公安机关和检察机关在办理轻微刑事案件速裁试点方面依旧在探索、行进的路上。

（二）深圳的刑事案件速裁程序

2014 年 11 月 18 日，深圳市政法委组织牵头市公检法司四

---

① 参见《办法》第 11 条：人民法院适用速裁程序审理案件，应当当庭询问被告人对被指控的犯罪事实、量刑建议及适用速裁程序的意见，听取公诉人、辩护人、被害人及其诉讼代理人的意见。被告人当庭认罪、同意量刑建议和适用速裁程序的，不再进行法庭调查、法庭辩论。但在判决宣告前应当听取被告人的最后陈述意见。

② 参见《办法》第 10 条和第 16 条。第 10 条：人民法院适用速裁程序审理案件，由审判员一人独任审判，送达期限不受刑事诉讼法规定的限制；第 16 条：人民法院适用速裁程序审理的案件，应当当庭宣判，使用格式裁判文书。

部门，出台了《深圳市刑事速裁程序试点工作方案》和《深圳市刑事案件速裁程序办理规定》。作为刑事速裁程序的试点城市以及东部沿海城市，与"两高两部"出台的该《办法》相比，深圳方案对公安机关办理轻微刑事案件的机构及程序设置、检察机关办理轻微刑事案件的机构设置及文书简化、法律援助值班律师的选派等方面作了更具有可操作性的规定。

1. 公安机关办理轻微刑事案件的机构及程序设置

《深圳市刑事案件速裁程序办理规定》对刑事速裁程序的内涵与外延进行了界定，明确该程序是简化诉讼程序、缩短办案期限的工作机制。公安机关的侦查活动也被纳入到刑事速裁的范围之内。其中，该《规定》第9条对公安机关移送审查起诉的期限予以明确，即进一步压缩了《刑事诉讼法》中关于公安机关的侦查期限。该《规定》第10条对公安机关享有的案件审查及速裁程序建议启动权进行了规范。同时，在该《规定》附则中明确要求公安机关设立刑事速裁程序办案小组，这对公安机关如何整合内设业务机构办理轻微刑事案件提出了一个重要课题。

2. 检察机关办理轻微刑事案件的机构设置及文书简化

该《规定》明确要求检察机关成立专门的办案组办理速裁程序案件。同时，对于适用速裁程序的轻微刑事案件，检察机关公诉部门可不制作案件审查报告，但应当在起诉书审批表中列明主要的犯罪事实和证据情况；关于证据的说明可直接列明证据种类，无须列举具体证据。与"两高两部"的《办法》相比，深圳对于法律文书的规定显得更加明确具体。

3. 法律援助律师的选派及其保障

深圳实施的《方案》及《规定》要求建立刑事速裁案件律师库，同时要求执业3年以上且具有承办刑事案件经验、无不良执业记录的律师入库，对援助律师的办案规则进行了明确——律师受指派后应当在3日内完成阅卷和会见。为了保障律师值班制度的实施，深圳还专门规定了专项财政预算给予法律援助律师以适当补贴。一系列保障措施有力地促进了援助律师为犯罪嫌疑人或被告人提供切实、到位的法律服务的质量。

（三）浙江的轻微刑事案件快速办理机制

2014 年 3 月 28 日，浙江省公、检、法、司联合出台了《关于轻微刑事案件快速办理机制的若干规定》，其目的在于贯彻宽严相济刑事政策，促进司法公正，提高诉讼效率，在确保办案质量的前提下，简化工作流程、压缩办案期限。与"两高两部"的《办法》及深圳市的《方案》《规定》相比，浙江省的《规定》在案件适用范围、公安机关快侦快办等方面有更进一步的探索。

1. 适用快速办理机制的案件范围

浙江省规定适用快速办理机制的案件为可能判处 3 年有期徒刑以下刑罚的、事实清楚、证据确实充分、犯罪嫌疑人或被告人认罪且对被指控的犯罪事实无异议、对适用快速办理机制无异议的。在对适用范围界定可能判处的刑期方面，浙江方案相比"两高两部"方案以及深圳方案存在扩展的倾向。

2. 侦查阶段的快侦快办

浙江省的《规定》中明确了对符合条件的轻微刑事案件启动快速办理机制后，侦查期限不超过 10 日。尽管该《规定》对公安机关如何适应侦查期限压缩所带来的一系列问题，如轻微刑事案件的办理机构设置、侦查程序的简化，尤其是内部办案审批程序的简化没有作出明确的制度设计，但是侦查期限在法定时间内的压缩对于犯罪嫌疑人来说无疑是利大于弊。

（四）上海的刑事案件速裁程序

上海市的速裁程序可以说是简易程序的缩小版。依据上海市委政法委下发的《关于在刑事案件速裁程序试点工作中适用有关法律文书的会议纪要》、《关于本市试行〈适用速裁程序办理相关刑事案件证据指引（试行）〉的会议纪要》以及《上海检察机关开展刑事案件速裁程序试点工作的指导意见》，共列举出 11 种罪名，即危险驾驶、交通肇事、盗窃、诈骗、抢夺、伤害、寻衅滋事、非法拘禁、毒品犯罪、行贿犯罪及扰乱公共秩序罪。上述 11 种罪若情节较轻，依法可能判处 1 年以下有期徒刑、拘役、管制或者单处罚金，则可适用速裁程序。上海市排除适用速裁程序的情形是：（1）主体不适格的；（2）对事实认定、法律适用、量刑建议有异议的；（3）犯罪嫌疑人、被告人认罪但经审查认为可能不构成犯罪的，或者辩护人作无罪辩护的；（4）被告人对量刑建议没有异议但经审查认为量刑建议不当的；（5）没有达成和解的；（6）违反规定，严重影响刑事诉讼活动正常进行的；（7）具有法定从重情节的；（8）其他不宜适用速裁程序的情形，如案件涉恐、涉黑、涉及国家安全或者有重大影响的。

三、刑事速裁程序运行状况抽样研究

刑事速裁程序运行成效如何是需要在司法实务中来进行检验的。以下我们将以某一地区的轻微刑事案件快速办理情况为例，对其进行范本式研究。

我们抽取了浙江省一基层检察机关在 2014 年 7 月 21 日至 2014 年 12 月 25 日间办理的 150 件刑事速裁案件作为样本，以对公安机关、检察机关办案人员的访谈作为此次调研的补充，来对刑事速裁程序的地区性运行情况进行分析研究。

（一）数据统计

2014 年 7 月 21 日至 2014 年 12 月 25 日，该基层检察机关共受理审查起诉刑事案件 623 件 802 人，其中适用简易程序案件为 528 件 649 人；适用轻微刑事案件快速办理的案件为 150 件 150 人，占受理审查起诉案件的 24%。

适用轻微刑事案件快速办理程序的罪名分布情况依次为：危险驾驶罪、盗窃罪、容留他人吸毒罪、故意伤害罪。其中，危险驾驶罪 139 件 139 人，盗窃罪 10 件 10 人，容留他人吸毒罪 1 件 1 人。

从适用刑事速裁程序案件的承办人员的数量来看，该基层检察机关公诉科常年在编人数为 10 人，全科人员均参与办理此类案件，相对固定的适用刑事速裁程序案件办理小组并没有成立起来。

（二）访谈调查与总结分析

为深入了解快速办理机制对案件繁简分流、诉讼效率、办案人员工作量以及机构设置产生的影响，我们专门对公安机关和检察机关的办案人员进行了访谈。

该地区公安机关在轻微刑事案件快速办理机制实施方面存在一定的制度性障碍。首先是轻微刑事案件快速办理机构及人员设置方面存在体制性障碍。该地区公安机关内设刑警大队、交警大队、治安大队、经侦大队、缉毒大队以及下属的各个派出所按照职能分工的不同分别管辖不同类型的刑事案件，其相对集中和相对分散并存的办案模式一时还难以改变，因此也难以很快适应落实快速办理机制的要求。而其下属的办案中队常集中办理故意伤害、故意杀人等侵犯人身权利的案件及抢劫、抢夺、盗窃、诈骗等侵财类案件，其他大队则办理其管辖范围内的犯罪。各个警种及内设机构办案人员分散且有限，故指定专人快速办理轻微刑事案件也存在一定困难。其次是缺乏相应的考核激励机制。公安部、浙江省公安厅以及市公安局对基层公安机关均设定了一系列的考核指标，刑拘率、逮捕率、破案率等成为公安机关办理刑事案件的重要风向标。而轻微刑事案件快速办理并未纳入考核体系。最后是侦查阶段办理轻微刑事案件并无具体的简化程序规定，哪些程序可以简化、简化到何种程度、如何把握轻微刑事案件的证据标准等均缺乏相应界定。大部分侦查人员仍旧按照常规的办案程序来应对轻微刑事案件的快速办理机制，致使大量工作被压缩到较短的办案期限之内，如此办案压力可想而知。

该基层检察机关在轻微刑事案件快速办理机制实施过程中也发现了一些不合理之处。首先是办案程序依然烦琐，案件审批层级过多。在审查起诉过程中，轻微刑事案件和其他案件一样，要经过案管受案、科长分案、承办人办案、科长审批、分管检察长审批、制作法律文书等一系列环节，而办案期限却被明显压缩。因此，有的承办人对轻微刑事案件快速办理存在一定的抵触情绪。其次是文书制作不够简化。办理适用快速办理机制的轻微刑事案件仍需要制作审查报告、起诉书，相关文书的内容也并没有根据案件的简易程度进行相应简化。如审查报告仍需要对犯罪嫌疑人的基本情况、犯罪事实、证据"三性"、定罪量刑等情况进行全面分析。在办案时间被大大压缩的情况下，这无疑增加了办案人员的工作压力。最后是快速办理轻微刑事案件的专人设置不够合理。在快速办理机制实施前期，确曾设立过快速办理轻微刑事案件的专门办案小组，但设置后长期未作轮岗调整，那些长期办理轻微刑事案件的检察官出现知识面变窄、办案能力衰退等问题。而在快速办理机制运行一段时期之后，轻微刑事案件专门办理小组逐渐被架空，即该小组成员不但要快速办理轻微刑事案件，而且还要办理重大、复杂、疑难案件。如何在规定期限内兼顾轻微刑事案件与重大复杂疑难案件的办理成为案件承办人需要直面并解决的一个重大课题。

四、刑事速裁程序改革前瞻

从各地试点、探索的经验可以看出，刑事速裁程序或是轻微刑事案件快速办理机制需要进一步的革新与完善。

（一）侦查阶段的简化

司法实践表明，审判阶段的耗时比重仅占刑事诉讼程序的一小部分，可以说刑事诉讼程序的时耗主要集中在审前阶段。因此，刑事案件的快速办理，应当更多地关注对审前程序的改造。[1] 而作为刑事诉讼第一道流程的侦查，则必将成为今后刑事速裁程序改革和完善的"前哨"。如何简化侦查阶段的办案程

---

[1]　于同志：《轻微刑事案件快速办理的经验与启示》，载《人民法院报》2014年10月22日第6版。

序，如何设置轻微刑事案件专门的办案组织和办案人员，如何科学合理设置轻微刑事案件的考核考评机制是当前侦查机关面临的重大课题。我们认为，在刑事速裁程序严格限制适用逮捕措施的前提下，为保障诉讼程序顺利进行，探索部分轻微刑事案件"拘留—审判"的诉讼模式具备相当的可行性。

（二）检察机关业务模式的革新

刑事速裁程序不仅要求侦查上的"快侦"，也要求审查起诉上的"快诉"。当前，中央授权部分省份的检察机关探索检察官员额制改革，同时设置主任检察官，并按照司法办案规律，去除检察机关内部办案流程的科层化、① 行政化的管理风格。这一改革举措与目前中央授权地方探索推进的刑事速裁程序改革有相当的契合之处，对于如何减少轻微刑事案件的审批手续、简化办案文书的制作以及整合优化检察机关的内设机构等均大有裨益。

（三）略式审判书面审的推行

根据轻微刑事案件快速办理机制的要求，整个庭审环节将大大简化，其不再进行法庭调查、法庭辩论，而是以综合公诉意见及被告人最后陈述"主打"，并要求当庭宣判。对指控事实的证据和量刑建议，被告人将在检察机关审查起诉阶段予以确认并签署证据明细确认书，对量刑建议业已签字认可，故庭审环节不再出示证据，也不再就量刑展开调查和辩论。在这种庭审模式中，传统的控诉双方相互对抗、法官居中裁判的三角格局被打破，公诉人出庭以及法院开庭审理的必要性就值得检讨。对此，我们支持法官书面审的审判模式。

（四）刑事速裁程序证据制度的完善

轻微刑事案件快速办理需要明确证据收集及审查标准，从而实现轻微刑事案件与重罪案件证明标准相对分离。通过对类案，

---

① "科层化"是德国社会学家马克斯·韦伯提出的一个概念，它是对官僚制度中组织管理制度的一种描述，而重在强调一种官僚化或行政化的管理模式。

如盗窃、容留他人吸毒的归纳、分析、研究，制定相应的证据收集与审查指南，并进而规范和统一公、检、法三家对证据标准的把握。

（五）犯罪嫌疑人或被告人程序选择的对价

刑事速裁程序的运行是以限制或克减犯罪嫌疑人或被告人能够充分进行诉讼的机会为前提的。犯罪嫌疑人或被告人作出同意适用刑事速裁程序的选择，有利于司法机关提高诉讼效率并减少司法资源的投入。因此，在确保公正司法的前提下，应当在量刑上给予被告人以一定的减刑激励。这不仅符合当前法治国家推行恢复性司法的理念，也有利于促进犯罪嫌疑人或被告人更好地融入社会。

第三节　刑事简易程序多元化设计

随着我国社会的转型，刑事案件呈现出多样化和两极化趋势，与此同时，由于我国刑事立法对犯罪圈进行了一定调整（包括部分扩张），轻微刑事案件的数量呈明显增长趋势。对该类案件不作区分而适用单一的简易程序予以"消化"是否恰当是我国刑事诉讼程序改革所面临的重大课题。在这一背景下，我们讨论简易程序多元化格局的构建是很有必要的。而从 2016 年 9 月开始着手试点的刑事案件认罪认罚从宽制度正是在此课题之下的又一有益探索。[①]

---

① 2016 年 9 月 3 日，第十二届全国人大常委会第 22 次会议通过了《关于授权"两高"在部分地区开展刑事案件认罪认罚从宽制度试点工作的决定》，正式授权京、津、沪等 18 个城市开展认罪认罚从宽制度试点工作。11 月 16 日，"两高三部"又联合印发了《关于在部分地区开展刑事案件认罪认罚从宽制度试点工作的办法》，以此进一步完善、深化刑事速裁程序，并与之相呼应。

一、刑事简易程序多元化构建的必要性分析

首先，刑事案件的多样化决定了刑事程序的多元化。对于不同犯罪，在处理模式或程序选用上应有所区别。对犯罪的分类，可以有不同的基础：有以犯罪的"法定性"要件为基础的，也有以犯罪的事实要件或心理要件为基础的。根据分类基础的不同，每个犯罪都应当归入不同的类型。① 犯罪类型的划分决定了适用程序的不同。这主要体现在两个方面：一方面是管辖权不同，如重罪由中级以上法院审判，轻罪由基层法院审判；另一方面是诉讼程序不同。② 以美国为例，其对轻罪和重罪（判处监禁以上刑罚）适用不同的诉讼程序。轻罪由初级法院审理，适用装配线式的司法程序，无须通过陪审团进行审判；而重罪则适用最完备的刑事诉讼程序，由陪审团对被告人是否涉嫌犯罪进行审判。由此可见，刑事案件性质的严重程度不同，促成了程序的分化，简易程序和普通程序"双雄对视"的局面应运而生。在此基础上，随着犯罪类型的进一步细分，简易程序在种类上也相应地不断演化衍生，出现了数种简易程序并存的态势。

其次，在诉讼资源短缺的形势推动下，在缩短审限以保障人权的呼号影响下，简易程序向着多样化的方向迈进。早在 20 世纪五六十年代，许多国家掀起维护程序正义的正当程序革命的热潮。程序正义要求程序的设置能够最大限度的保障案件的公正处理，这就不可避免地使刑事诉讼程序日益烦琐，诉讼周期被拉长。在案件数量不断增长的情况下，提高诉讼效率成为解决大量积案并保障当事人权利的不二选择。而要提高诉讼效率，就必须改变单一的简易程序的局面。通过推进简易程序多样化，能够对占刑事案件绝大部分的轻微案件进行再次分流，从而根据不同案

---

① ［法］卡斯东·斯特法尼等：《法国刑法总论精义》，罗结珍译，中国政法大学出版社 1998 年版，第 181 页。

② 李莉：《刑事简易程序研究》，中国政法大学 2006 年博士学位论文，第 14 页。

件的不同特点，适用不同简易程序予以迅速处理。

最后，各国采取多样化的简易程序其根基在于各国的本土法治资源。以英美法系为例，奉行当事人主义的美国积极推行的辩诉交易制度来源于沉默权、证据开示制度。其反映的是国家承认被追诉人与代表国家利益的检察官具有同等诉讼地位的理念，因此被追诉人有权放弃自身所享有的诉讼权利，如接受陪审团审判的权利。检察官通过说服被追诉人放弃一定的诉讼权利，使得案件得以快速处理，从而使被追诉人获得相对意义上的正义。以大陆法系为例，德国积极推行的处罚令程序根植于职权主义的诉讼模式。处罚令并非控方与被追诉方达成合意即可，这种程序的运行是建立在被追诉人所犯罪行被查清的基础上，是德国司法所探求的客观真实主义的反映。

二、关于处罚令程序的思考

（一）借鉴处罚令程序的可行性分析

处罚令程序是大陆法系国家处理简单轻微刑事案件的一种书面审理方式。其最早起源于德国，后为意大利、日本、我国台湾地区的"刑事诉讼法"所吸收。它是指对于轻罪案件，依检察官的书面申请，刑事法官、法庭可以不经审判而以书面处罚令来确定对犯罪行为的法律处分的一种简易程序。它无起诉书、无开庭决定、无法庭审理，而仅有书面审理。它适用于应判处被告人罚金，保留处罚的警告，禁止驾驶，追缴、没收、销毁、废弃（赃款、赃物），对法人或者联合会宣告有罪判决和罚款的案件；剥夺两年驾驶权利的案件；应免于处罚的案件；以及有辩护人的可以判处一年以下有期徒刑缓期执行的轻罪案件。[①] 处罚令程序在德国得到广泛应用，约有 50% 的刑事案件就是通过处罚令程

---

①　《德国刑事诉讼法典》，李昌珂译，中国政法大学出版社 1995 年版，第 153 页。

序来处理的。与普通程序相比，处罚令程序并未采用直接言词原则开庭审理，也无须对被告人进行讯问，法院只根据检察官的书面申请和案卷材料进行审查。经审查法官可决定是否同意发布处罚令，一旦同意就必须采纳检察官在处罚令申请中的量刑建议。

我们认为，在我国构建处罚令程序对轻微刑事案件进行快速处理具有制度保障和实践基础。

首先，检察官在处罚令程序中占据主导地位，而这是以其尽到客观义务为前提的。检察官客观义务最早确立于 19 世纪中后期的德国。在德国，检察官是审前程序的主持人，和主持审判程序的法官一同被赋予司法官的地位。检察官的客观义务是指检察官在执行职务过程中有义务保持客观公正的立场，并以客观事实为根据，既要注意不利于犯罪嫌疑人、被告人的证据、事实和法律，又要注意有利于犯罪嫌疑人、被告人的证据、事实和法律，要做到不偏不倚。① 我国 2012 年修订后的《刑事诉讼法》对检察官客观义务的规定更加严格，其要求检察官在追诉犯罪的同时，应注意对犯罪嫌疑人权利的严格保护。可以说，修订后的《刑事诉讼法》从三个方面强化了检察官的客观义务。一是积极保障犯罪嫌疑人、被告人的辩护权。修订后的《刑事诉讼法》再次明文规定保障律师的会见权，并规定除三类特殊案件外，律师无需侦查机关许可可在侦查期间会见在押的犯罪嫌疑人；律师的阅卷范围得到扩展，检察机关保障律师阅卷权的义务被强化；在律师的要求下，检察机关有向侦查机关调取有利于犯罪嫌疑人、被告人的证据；在审查批准逮捕、审查起诉阶段，检察机关有义务听取辩护律师的意见。二是强化了检察官排除非法证据、把握证明标准以及承担证明责任的义务。修订后的《刑事诉讼法》在吸收之前出台的死刑案件证据审查相关司法解释的基础上，规定对侦查人员以非法手段收集的证据要依法予以排除；在公诉案件中，检察官必须全面收集证实犯罪嫌疑人、被告人有罪

① 陈永生：《论检察官的客观义务》，载《人民检察》2001 年第 9 期。

或者无罪、罪重或者罪轻的证据；检察官应秉承无罪推定的原则，以排除合理怀疑为理念导向，对证据是否确实充分从量上和质上进行全面从严把握。三是赋予检察官对强制措施进行审查和监督的义务。修订后的《刑事诉讼法》授权检察机关对已逮捕的犯罪嫌疑人进行羁押必要性审查以及对指定居所监视居住的合法性进行审查。检察官客观义务的强化有利于其在办理轻微刑事案件中保障犯罪嫌疑人的合法权利，全面探究案件的客观事实。

其次，在处罚令程序运行过程中，检察官的量刑建议权尤为重要。由于处罚令程序检察官不出庭，法院省略庭审，因此检察官提出的具体量刑建议及充分论证的依据，对于法官审查和把握这类案件十分重要。在检察官提出相对具体的量刑建议后，犯罪嫌疑人或被告人的辩护律师可以就量刑建议与检察官进行沟通。双方达成一致意见后，检察官向法官提交处罚令草案，法官对处罚令进行形式审查后即可签发。近年来，在"两高"及地方司法实践的推动下，我国的量刑规范化改革逐渐兴起。2009 年 8 月，最高人民检察院下发《人民检察院开展量刑建议工作的指导意见（试点参考稿）》，该文件稿对量刑建议试点工作作了明确布置。2010 年 2 月，最高人民检察院公诉厅印发《人民检察院开展量刑建议工作的指导意见（试行）》，对检察机关的量刑建议工作作了进一步规范。同年 9 月 30 日，最高人民法院、最高人民检察院、公安部、国家安全部、司法部联合颁布的《量刑程序意见》规定："对于公诉案件，人民检察院可以提出量刑建议。"量刑是整个轻微刑事案件处理的重心所在。无疑，量刑规范化的司法实践为处罚令程序的构建奠定了一定基础。

最后，2014 年"两高两部"联合下文推行的刑事速裁程序试点为处罚令程序的建构提供了空间。中央及地方（深圳）的试点方案都强调保障轻微刑事案件中犯罪嫌疑人、被告人的律师帮助权，突出了犯罪嫌疑人、被告人对检察机关量刑建议认可的重要性；庭审程序中法庭调查、法庭辩论、证据举证质证等环节的省略，无不显示出处罚令程序的"身影"。

（二）构建处罚令程序之前瞻

1. 处罚令程序的适用范围

由于处罚令程序无须开庭审理，法官仅根据检察官与被告人达成的申请协议和案卷材料进行书面审查，这就有可能对被告人的诉讼权利造成一定侵害。适用处罚令程序的国家和地区对其适用范围均进行了严格限制。根据德国《刑事诉讼法》第 407 条的规定，处罚令适用于不超过一年缓期执行的刑罚；意大利《刑事诉讼法》第 459 条规定，处罚令程序适用于判处财产刑的轻微刑事案件；我国台湾地区"刑事诉讼法"第 449 条第 2 款规定，适用于简易判决（台式处罚令程序）的刑罚仅限于缓刑、拘役和罚金。以上大陆法系国家和地区规定的处罚令程序一般均适用于轻微刑事案件，且其适用的对象多为可能被判处非监禁刑的被告人。

在我国，以北京市为例，2003 年北京市法院系统判决的 16665 人中，被判处拘役以下、缓刑的人数比重为 33.18%；2013 年北京法院系统判决的 24086 人中，被判处拘役以下、缓刑的人数比重为 47.5%。[①] 若将适用拘役以下刑罚及适用缓刑的案件适用处罚令程序来处理，则能够进一步提高轻微刑事案件的办理效率，缓解案多人少的矛盾。

2. 处罚令程序的启动

德国、日本和我国台湾地区均赋予检察机关启动处罚令程序的权力。从域外的司法实践来看，检察官对轻微刑事案件被指控人定罪量刑的建议是处罚令得以运行的关键环节。检察官在审查案件后认为可启动处罚令程序的，首先应当征得被指控人的同意。在我国，定罪量刑的建议均由检察机关根据公安机关的侦查结论和犯罪嫌疑人、被告人对所涉嫌犯罪的有罪供述所作出。但如果犯罪嫌疑人、被告人在不了解自身行为的性质及其法律后

---

① 北京市人民检察院课题组：《轻微刑事案件司法处置实证研究》，载《法学杂志》2014 年第 7 期。

果，也不了解检察机关所掌握的证据的情况下，因屈服于检察机关的威压而作出接受处罚令程序的选择，则有可能铸成冤错案，因此必须征得犯罪嫌疑人、被告人的同意才可适用处罚令程序。其次，应当征得被害人的同意。由于处罚令程序对庭审环节予以省略，故被害人不能在庭审中以当事人的身份主张自身的权利，因此在启动处罚令程序的时候，检察机关应当听取被害人的意见。

3. 处罚令程序的审判

由于处罚令程序的适用范围为被告人认罪的，且判处缓刑、拘役、罚金的轻微刑事案件，故从节约诉讼资源、提高审判速率的角度出发，由审判员独任审判、当庭宣判是可行的选择。处罚令程序从某种程度上而言是一种合意，其不仅是被告人与检察机关之间的合意，而且也是法院与检察机关之间的合意。[①] 检察机关向法院提交的处罚令申请应当载明被告人涉嫌犯罪的证据、具体的量刑建议、依据以及被告人及其辩护人对处罚令定罪量刑的意见。由于处罚令程序突破了直接言词原则及对证据的质证，检察机关应当向法院移交全部案卷。这样有利于法官对全案有一个清晰的认识，能够据此快速作出审查决定。当然，对于检察机关提出的书面申请，法官可通过讯问被告人，查证被告人认罪及选择这一程序的自愿性。如果法官经审查认为案件符合处罚令程序的适用条件，则签发处罚令并交付实施；如果法院经审查认为案件不符合处罚令程序的适用条件，则可拒签，并根据案件具体情况变更为其他程序进行审理。

4. 处罚令程序的救济

法院经书面审查如同意检察机关提交的处罚令申请，则可以向被告人签发处罚令。处罚令程序一旦生效，其效力就等同于刑事判决，具有强制执行力。因此，为保障被告人的程序选择权，

---

① 张慧芳：《论我国处罚令程序之构建》，湘潭大学 2011 年硕士学位论文，第 23 页。

被告人及其辩护人有权在接到处罚令之日起的法定期限内通过书面或者口头的方式向法院提出异议，要求通过其他简易程序或普通程序进行审理。提出异议无须任何条件。法院在收到被告人的异议申请后，应对处罚令进行合法性审查，对请求不成立的予以驳回；对请求成立的按照其他程序进行审理。在新的审判程序中，法官的裁决不受原处罚令制约。被告人在异议期间内未提出异议的，处罚令当然生效。

三、关于辩诉交易的思考

辩诉交易是美国刑事简易程序中的一项重要程序。在辩诉交易中，被告人一般对指控的一罪或数罪作有罪答辩以换取较轻的处刑。从此意义上讲，辩诉交易是双方满意的案件处理程序。

美国辩诉交易的合法地位是通过 1970 年布雷迪诉美利坚合众国一案以及 1971 年桑托贝尔诉纽约一案确立的。在 1971 年桑托贝尔诉纽约一案中，美国联邦最高法院在其判决中明确指出："辩诉交易是（美国）刑事司法制度的基本组成部分，如果运用得当，它应当受到鼓励。"[1] 1974 年 4 月，美国修订《联邦地区法院刑事诉讼规则》，以立法的形式确认了辩诉交易在司法制度中的法律地位。《美国联邦刑事诉讼规则》第四章"传讯和准备审判"第 11 条对辩诉交易制度的一般原则、启动、协商、法官审查以及失败后的救济措施等一系列程序作出了详细的规定。从 1989 年开始，美国联邦地方法院审结的联邦案件中有 84% 是以有罪答辩或辩诉交易结案的，到 2001 年有罪答辩率达到 94%。[2] 在 20 世纪的最后 10 年中，美国联邦刑事审判率从审结案件的

---

① Santo bell V. New York, 404. U. S.（25），260（1971）. 转引自陈瑞华：《刑事审判原理论》，北京大学出版社 1997 年版，第 381 页。

② Bureau of justice statistics, source of criminal justice statisticsonline_ 2001, table 5. 21（2001）（available at www. albany. edu/sourcebook/1995/pdf/t521. pdf）.

10% 下降到 6%。① 可以说，辩诉交易制度为美国刑事诉讼的运转节省了大量的诉讼资源。

2012 年我国修订后的《刑事诉讼法》首次规定了"任何人不得自证其罪"的原则，并对律师的阅卷权、调查权、证据开示制度以及法律援助范围进行了完善、扩容，更是对简易程序进行了规范和统一。但立法状况的改善仍较难应对日益增多的刑事公诉案件，这也再次引发了理论界与实务界对是否引入辩诉交易制度的争论与思考。

（一）辩诉交易的种类及其运行

根据交易内容的不同，辩诉交易可以分为控诉交易、罪状交易和量刑交易。控诉交易适用于被告人触犯严重罪行的情形。负责起诉的检察官因所收集证据不足，为避免烦琐的陪审团审判程序，以降格指控为条件，承诺以较轻的罪名起诉，与被告人达成协议以换取被告人对降格指控作出有罪答辩，如检察官可以将谋杀降格指控为过失杀人或者将强奸降格指控为意图强奸的伤害。罪状交易适用于被告人犯有数罪的情况。在美国，检察官享有几乎绝对和不受审查的起诉裁量权。起诉裁量权不仅包括是否起诉的决定，也包括起诉什么的决定。因为美国多数刑法规则"包含重叠的条款，对相同的行为却有着不同的刑罚，而且一个特定的犯罪计划会包括一系列的行为，其中一些可能会以独立的罪行被指控。在具有合理根据的各种罪行条款之间进行选择方面，检察官实际上享有完全的裁量权"。② 检察官可通过承诺只起诉数罪中的一罪或者几罪，与被告人达成协议换取被告人对所指控罪名的有罪答辩。量刑交易是指检察官承诺将在起诉时向法官提出从宽量刑的建议，被告人需要对检察官指控的罪行作出有罪答

---

① ［美］乔治·费希尔：《辩诉交易的胜利——美国辩诉交易史》，郭志媛译，中国政法大学出版社 2012 年版，第 225 页。

② ［美］约书亚·德雷斯勒、艾伦·C. 迈克尔斯：《美国刑事诉讼法精解》，魏晓娜译，北京大学出版社 2009 年版，第 115 页。

辩。1989 年《美国联邦量刑指南》经其最高法院宣布合宪，开始影响以致决定绝大多数联邦案件的量刑。《美国联邦量刑指南》也催生了量刑幅度交易，即辩护律师和检察官合意建议法官比照《美国联邦量刑指南》幅度下限判处刑罚。《美国联邦量刑指南》还同时促成了基于法官权限的量刑交易，即如果法官有权对承担责任者给予二级或者三级罪名的折扣，那么检察官可能以建议这样的折扣，来换取被告人的有罪答辩；如果法官有权基于被告人在犯罪中所起的作用来调整其量刑，那么当事人就可能会承认他是受犯罪团伙欺骗的人而不是领导者。[①]

　　辩诉交易可以由检察官主动提出，和被告人或其辩护律师进行认罪协商。在协商过程中，控辩双方会进行证据展示，通过交换双方掌握的证据材料，来说明希望达成交易目的。一方提出交易提议，另一方针对提议提出反驳意见。提议和反驳应当简洁并有合法的依据，这就是"庭前辩论"。控辩双方协商之后，如果达成一致意见，会形成一个答辩协议。辩诉协议的内容一般包括以下几个方面：（1）被告人是否将作有罪答辩；（2）检察官的具体指控；（3）检察官是否将撤销具体指控；（4）审前分工，如：何方将于何时、何地、何种方式为何种行为；（5）检察官是否承诺不对被告人提起额外的指控，该指控为何种指控，与何种行为相关以及有关日期的条款；（6）检察官将提出的量刑建议的具体条款，包括在可适用的《量刑指南》下如何计算刑罚；（7）有关缓刑、假释、罚金、赔偿、社区服务、治疗或者改造、驱逐流放、纳税义务、没收及其他有关条款；（8）是否对被告人的上诉权进行限制；（9）被告人与检察官合作的具体条款，包括如何确定合作的充分性，如何影响量刑建议；（10）检察官是否承诺将不起诉案外第三人，如被告人的配偶；（11）对支持辩诉协议的事实基础的任何约束或者限制；（12）检察官是否承诺将不要求

---

　　① ［美］乔治·费希尔：《辩诉交易的胜利——美国辩诉交易史》，郭志媛译，中国政法大学出版社 2012 年版，第 231～232 页。

被告人在任何程序中作证，如大陪审团或审判程序；（13）任何违反辩诉协议行为的具体后果；（14）重述如果法院拒绝辩诉协议，被告人有权撤回答辩。① 答辩协议达成后，被告人在法庭上作有罪供述，辩诉交易才算正式成立。检察官根据答辩协议的内容对被告人降低指控、减少指控或者向法官提出量刑建议。

由于被告人一旦认罪，一系列美联邦宪法权利即被放弃，包括反对强迫自证其罪、获得无罪判决的正当程序权利、由陪审团进行审判、与不利证人进行对质的权利、传唤本方证人的权利以及审判中由律师代理的权利。为确保被告人是自愿、明智的放弃这些宪法权利，《美联邦刑事诉讼规则》第11（d）条要求初审法庭在确定答辩是自愿的，才能接受有罪答辩。法官应通过"在公开的法庭上亲自询问被告人"的方式确认答辩的自愿性。第11（c）条则要求法官必须告知被告人答辩所针对的指控的性质、法定强制最低刑、该罪的最高刑以及任何相关的特别假释条款等。此外，法官还必须告知被告人享有陪审团审判的权利，包括律师帮助权、与指控对质的权利及反对强迫自证其罪的权利；如果被告人答辩有罪，就必须放弃所有这些被告知的权利。法官在确定被告人作出有罪答辩系明智、自愿之后，还需确定答辩是否存在事实基础。初审法官无须相信被告人有罪，只要答辩存在事实基础就足够了。②

（二）辩诉交易的制度保障

根据美国联邦检察官伯恩敬的研究，在美国的法律制度下，至少有以下制度支持着辩诉交易：（1）保障被告人的特定权利，包括获得律师帮助和不被强迫自证其罪的权利；（2）庭审前证据展示制度；（3）在法庭上公开就有罪答辩的事实基础作出总

---

① G. Nicholas Herman, Plea Bargaining, Law Publishing, 73（1997）. 转引自祁建建：《美国辩诉交易研究》，北京大学出版社2007年版，第45页。

② ［美］约书亚·德雷斯勒、艾伦·C. 迈克尔斯：《美国刑事诉讼法精解》，魏晓娜译，北京大学出版社2009年版，第178～179页。

结；（4）规定被起诉并且作出有罪答辩的罪名的严重程度，即必须是能够证明的最为严重的犯罪；（5）明确规定被告人通过有罪答辩能够得到的好处；（6）透明度，即书面的答辩协议及公开的法官听审；（7）反腐败措施；（8）对被告人的告知和给予提出反对意见的机会。[①]

在这些制度中，证据开示、完善的辩护和反对强迫自证其罪的设计及衍生而来的沉默权，确保了犯罪嫌疑人、被告人与检察官在刑事诉讼中平等地对抗，确保了被告人认罪答辩的自愿性、真实性，从而也保障了辩诉交易的公正性。

1. 反对强迫自证其罪

反对强迫自证其罪的权利来源于美国联邦宪法第五修正案。该修正案规定："任何人……不得被迫在刑事案件中作为反对自己的证人。"该规定旨在保障一个人不被政府强迫作证，提供可能导致其受到刑事指控的证言。它和无罪推定原则一起，确保了国家承担刑事指控的证明责任。该权利同时还蕴含了沉默权。[②]其含义包括：不得强迫任何人证实自己有罪或者无罪。"不得强迫任何人证实自己有罪"是指犯罪嫌疑人、被告人没有义务为控方的有罪指控向法庭提供任何可能对自己不利的陈述或其他证据，控方不得采取任何非人道的或者有损其人格尊严的方法强迫其作出供述或者提供证据。[③]"不得强迫任何人证实自己无罪"是指犯罪嫌疑人、被告人没有证明自己无罪的义务。在诉讼中，原则上应当由控方提供证据来证明其所指控的犯罪事实成立，被告人在诉讼中不承担证明自己无罪的责任。被告人没有义务在针对其进行的查找证据的活动中予以合作，他可以在诉讼过程中保持沉默，也可以明确表示拒绝陈述，即被告人在诉讼中享有反对

① ［美］伯恩敬：《"交易"还是"协议"——一个美国检察官眼中的辩诉交易》，载《法学》2008 年第 7 期。

② See Black's Law Dictionary, 8th, Thomson West, 2004. pp. 1324, 1327.

③ 张保生：《2012 年中国证据法治发展的步伐》，载《证据科学》2013 年第 2 期。

强迫自证其罪的特权或者说沉默权；不得强迫被告人陈述与案情有关的事实；不能因为被告人保持沉默或者拒绝陈述就认为其有罪或得出对其不利的结论。① 在格里芬诉加州案中，美国联邦最高法院认为，第五修正案"既禁止控方对被告人的沉默进行评论，也禁止法庭指示说这种沉默是有罪的证据"。如果被告人在对他的刑事审判中选择不作证的话，那么不仅检察官不能对他的沉默作出推断，而且被告人还有权得到法官对陪审团的指示：不能因他没有作证而得出不利的推论。②

在犯罪嫌疑人、被告人拥有不得自证其罪及沉默权面前，作为国家代表的控方只能积极查找证据，增加手中的砝码，或利用辩诉交易来说服犯罪嫌疑人、被告人放弃不得自证其罪的权利，达成双方的妥协。在这种对等的博弈中，犯罪嫌疑人、被告人所享有的沉默权要求政府在与个人竞赛时，必须承担全部的证明责任，从而在控方与个人之间维持了一种公正的平衡。③ 这种平衡迫使控方在实施辩诉交易时不得不充分考虑交易的可行性和公正性。

2. 完善的律师制度

在刑事案件的审判阶段，对于辩护律师的重要作用很少存在争议——用美联邦最高法院的话来说，辩护律师是"必需品，而非奢侈品"。④ 在美国，制定法和宪法上的制度设计——无论是证据开示、辩诉交易、审判程序本身还是其他诉讼阶段——均立足于以下前提假设：被告人有一个称职的律师代表着他的利益。在辩诉交易解释兴起的过程中，立法者将发挥巨大的作用，

① 卞建林主编：《刑事诉讼法》，科学出版社 2008 年版，第 72 页。

② ［美］约书亚·德雷斯勒、艾伦·C. 迈克尔斯：《美国刑事诉讼法精解》，魏晓娜译，北京大学出版社 2009 年版，第 265 页。

③ ［美］约书亚·德雷斯勒、艾伦·C. 迈克尔斯：《美国刑事诉讼法精解》，魏晓娜译，北京大学出版社 2009 年版，第 246 页。

④ ［美］约书亚·德雷斯勒、艾伦·C. 迈克尔斯：《美国刑事诉讼法精解》，魏晓娜译，北京大学出版社 2009 年版，第 49 页。

因为他们在检察官和法官之间分配量刑权的权力将使争斗规则发生倾斜。而被告人必须真正参与，虽然他们名义上享有认罪或者不认罪的绝对权利，但是他们经常会发现，在没有辩护人的情况下自己根本不享有任何保护。①

美国的律师辩护制度是通过一系列的判例确立和完善的。在吉狄恩案中，美国联邦最高法院通过第十四修正案正当程序条款将第六修正案赋予律师辩护权扩展到美国各州。审理该案件的大法官胡果·布莱克认为，被告人的律师辩护权，在有的国家可能不被认为是基本的权利，但在我们的国家它确实是一项基本权利。相比吉狄恩案所涉及的重罪，在阿杰辛格案中，大法官道格拉斯撰写的判决书认为，将陪审团审判权限定为严重的刑事案件是有其历史根据的，但是，不能据此认为，对律师的帮助权应当施加同样的限制。②

对于刑事辩护，美国政府针对那些支付不起律师费的被告人提供了贫困辩护服务。为贫困被告人提供辩护律师最常见的形式是法院指定律师、公设辩护人和签约辩护制度。法院指定律师是法院从表明愿意服务的律师名单中指定律师给被告人提供辩护等帮助。一些州主要依赖免费指定；更多的州会根据案件的严重程度或者根据案件是否进入审判程序计算费用。③ 公设辩护人是由某一司法辖区指定律师组成常设机构，由这一机构中的律师在刑事案件中给贫困者提供代理服务。在公设辩护人办公室工作的律师，是全职领薪的政府雇员，他们在一名负责本司法辖区内贫困

---

① ［美］乔治·费希尔：《辩诉交易的胜利——美国辩诉交易史》，郭志媛译，中国政法大学出版社出版 2012 年版，第 6 页。

② ［美］约书亚·德雷斯勒、艾伦·C. 迈克尔斯：《美国刑事诉讼法精解》，魏晓娜译，北京大学出版社 2009 年版，第 54～57 页。

③ ［美］爱伦·豪切斯泰勒·斯黛丽、南希·弗兰克：《美国刑事法院诉讼程序》，陈卫东、徐美君译，中国人民大学出版社 2002 年版，第 178 页。

者代理服务的首席辩护人的领导下相互协作，开展工作。[1] 签约辩护是指负责提供贫困辩护服务的政府部门与地方组织（有时候是地方法律援助协会或者地方律师协会）签订合同以提供辩护等法律服务。

根据美国对律师辩护权的设计，联邦最高法院认定审前程序中的程序性辩护、预审、可能导致丧失某些权利的初次聆讯都属于刑事诉讼的关键阶段，在这些关键阶段必须有律师在场。同时为保证被告人获得律师的有效帮助，辩护律师应当会见当事人，使当事人了解案件的重要进展，并在重大决策问题上同当事人商议；律师有义务迅速调查案件情况，尽可能发现与案件实质性问题相关的事实及定罪情况下与量刑相关的事实。[2] 律师在场及调查权的存在能有效地保障犯罪嫌疑人、被告人在评估辩方所掌握的证据的情况下，与控方进行有效的交易，在追求自身利益最大化的前提下，作出有罪答辩，从而实现案件的快速处理。

3. 证据开示制度

证据开示是庭审调查前诉讼双方及案件相关当事人相互获取有关案件信息、事实材料、展示证据的一种制度。[3] 在辩诉交易中，为保障控辩协商的公正性，辩护方需要掌握控方足够的案件信息，以此衡量、判断、决定自身是否作出有罪答辩。根据美国律师协会标准及《美国联邦刑事诉讼规则》第16条的规定，控方应向辩方提供所有和指控相关的被告人或共同被告人的陈述；向辩方开示来源于被告人的任何实物证据及与案件有关的任何物品；向辩方开示所有了解案件情况的人的姓名和地址以及这些证人的所有书面陈述；向辩方开示政府掌握的科学检测和精神或身

---

① ［美］约书亚・德雷斯勒、艾伦・C. 迈克尔斯：《美国刑事诉讼法精解》，魏晓娜译，北京大学出版社2009年版，第61页。

② ［美］约书亚・德雷斯勒、艾伦・C. 迈克尔斯：《美国刑事诉讼法精解》，魏晓娜译，北京大学出版社2009年版，第80页。

③ 龙宗智：《刑事诉讼中的证据开示制度研究（上）》，载《政法论坛》1998年第1期。

体检查的结果；向辩方开示政府掌握的所有包含无罪的信息。[①]对于未经证据开示，而是为精心寻求策略优势，如证据突袭所隐匿的证据，像在泰勒诉伊利诺伊州案中一样，美国联邦最高法院对隐匿证据的一方（在该案中为辩方）给予排除证据的制裁。

（三）辩诉交易在大陆法系国家的发展

尽管那些认为辩诉交易剥夺了被告人接受审判的权利以及公众要求不作妥协地惩罚犯罪的权利的人对之有着诸多批评，但是当谈到结果的准确性的时候，辩诉交易有助于保护整个制度的正当性。[②] 因为辩诉交易能够将控方证据较强的案件从陪审团审判中分离出来，只留下控方证据较弱的案件交付陪审团审判。辩诉交易所具备的对刑事案件的繁简分流以及对诉讼效率的追求的特性，使得深陷诉讼爆炸的英美法系国家对这一制度推崇备至。而同样面临如此困境的大陆法系国家，如意大利、德国和法国也先后对本国的刑事诉讼法进行了改良，创建了符合各自国情的辩诉交易制度。由于意大利的辩诉交易制度在本书第一章中已作了较为翔实的介绍，这里我们仅就德、法的辩诉交易作一简单了解。

德国刑事司法体制中与辩诉交易性质相似的协商性司法的出现，最早可以追溯到 20 世纪 70 年代前期。直至 2009 年 8 月，《德国刑事诉讼法》新增 257c 条款，由此自白协商程序始得正式进入法典，德国形成了具有本国特色的三种协商性司法。第一种是起诉协商。根据 1974 年《德国刑事诉讼法》修订过程中新增的第 153a 条的规定，对于轻罪案件中的被告人，检察官可以在要求被告人履行一定义务，如支付一定款项给慈善机构或国家的同时，中止案件的进行。当被告人履行了规定义务后，检察官

---

① ［美］约书亚．德雷斯勒、艾伦·C. 迈克尔斯：《美国刑事诉讼法精解》，魏晓娜译，北京大学出版社 2009 年版，第 147～150 页。

② ［美］乔治·费希尔：《辩诉交易的胜利——美国辩诉交易史》，郭志媛译，中国政法大学出版社 2012 年版，第 177 页。

将不再对被告人进行指控。第 153a 条对检察官的自由裁量权进行了一定限制，即只有被告人所犯罪行轻微，有罪证据充分，而且对其暂缓起诉不会危及公共利益时，检察官才可以作出中止程序的决定。① 在起诉至审判期间，检察官和犯罪嫌疑人、被告人的辩护律师可以就中止刑事程序的处理方案进行协商。第二种是在处刑命令程序，也就是处罚令程序中进行的判决协商。根据《德国刑事诉讼法》第 407 条规定，若被告人的有罪证据充分、犯罪事实清楚，经被告人同意，检察官可以针对被告人所涉及的轻微犯罪，准备一份详细记载案件事实并且提出具体罚款处罚请求的申请文件提交给法官，并向法官申请不经审判迳行对被告人作出处刑命令。② 在此过程中，检察官和辩护律师可以进行协商，若被告人接受处罚令的罚款处罚，检察官不再提起正式指控，而仅向法院申请一项合适的处罚令。第三种是被告人自白协商。2009 年 5 月 28 日，德国联邦议会通过了《刑事程序中的协商规定》的草案，并在随后几个月修订的《德国刑事诉讼法》中新增了第 257c 条款。根据该条款规定，自白协商主要是规范法官主持下的刑事协商，协商的前提是被告人承认被指控的犯罪事实，法院则需证明被告人自白的真实性。协商的事项限于具有法律效果的行为，主要包括法院有权采取的措施，如批准检察官的不起诉决定；被告人有权作出的行为，如放弃进一步调查取证的申请以及被告人自白；检察官和附带起诉人有权作出的行为，如放弃诉讼进程继续进行的申请。协商的具体内容主要是被告人可能被判处的刑罚范围。若被告人和检察官均同意法官提出的协

---

　　① ［德］约阿希姆·赫尔曼：《协商性司法——德国刑事程序中的辩诉交易?》，载《中国刑事法杂志》2004 年第 2 期。

　　② ［德］约阿希姆·赫尔曼：《协商性司法——德国刑事程序中的辩诉交易?》，载《中国刑事法杂志》2004 年第 2 期；李昌盛：《德国刑事协商制度研究》，载《现代法学》2011 年第 6 期。

商意见，则协商正式成立。①

法国在 2004 年 3 月 9 日确立了庭前认罪答辩程序。根据《法国刑事诉讼法典》第 495 – 7 条的规定，庭前认罪答辩程序仅适用于主刑为罚金刑或者五年及以下监禁刑的犯罪。② 该程序的运作主要分为四个阶段：（1）被告人承认犯罪事实；（2）检察官提出量刑建议；（3）被告人自由表达对量刑的意见；（4）法官根据检察官的申请举行公开庭审，审查犯罪事实的真实性，检察官量刑建议的适当性以及认罪答辩程序的公正性。一旦审查法官核准检察官提出的量刑建议，则应当立即作出核准裁定。

（四）我国构建辩诉交易所需保障性制度之缺失

在我国东部沿海地区，案多人少的情况尤其严重，这多少制约了检察机关的办案质量。③ 如何对刑事案件进行繁简分流成为理论界和实务界共同关注的话题。在此背景下，辩诉交易制度逐渐成为研究的热点，是否引入及如何构建我国的辩诉交易制度一时聚讼纷纭、争论不休。由于我国修改前后的《刑事诉讼法》均未规定简易程序的利用收益权，于是不少学者就认为这是一大欠缺，呼吁借鉴甚至直接实行美国的辩诉交易制度（有的学者仿制欧陆国家将之称为"认罪协商制度"，如浙江工商大学的谭世贵教授）。他们认为这一制度有利于提高诉讼效率，节约司法资源；有利于肯定刑事诉讼中被告人的程序主体地位；有利于保障被害人的权益等。④ 还有学者认为我国目前实行的刑事诉讼制

① 黄河：《德国刑事诉讼中协商制度浅析》，载《环球法律评论》2010 年第 1 期。

② 施鹏鹏：《法国庭前认罪答辩程序评析》，载《现代法学》2008 年第 5 期。

③ 如在东部沿海地区，作为全国百强县中排名前三的浙江省慈溪市，其常年公诉案件的办理量均在 2000 件以上。

④ 参见谭世贵、徐黎君：《刑事简易程序的多元化建构》，载《浙江工商大学学报》2012 年第 1 期；杨宇冠：《我国刑事诉讼简易程序改革思考》，载《杭州师范大学学报（社会科学版）》2011 年第 2 期。

度已为辩诉交易的建立提供了制度基础。① 甚至认为修订后《刑事诉讼法》将"被告人承认犯罪"和"人民检察院的建议"作为简易程序提起的条件，具有辩诉交易的内涵。② 我们认为，虽然我国 2012 年修订的《刑事诉讼法》确立了"不得强迫任何人证实自己有罪"的原则，也扩大了律师辩护权的行使范围，完善了证据开示等多项制度，但与上述几个国家为保障辩诉交易公正实施所创设的制度相比，尚存在一定差距，引入辩诉交易制度的时机并未成熟。

1. "不得强迫任何人证实自己有罪"不同于"任何人不得自证其罪"

从文字表述上看，我国《刑事诉讼法》所规定的"不得强迫任何人证实自己有罪"和美国联邦宪法第五修正案所规定的"任何人不得自证其罪"似乎相同，但其实两者却存在着一定差异。

从立法体系上来看，我国多数学者认为，"不得强迫任何人证实自己有罪"条款是禁止强迫自证其罪原则的确立，其应当成为刑事诉讼法的基本原则之一，也是确保犯罪嫌疑人、被告人等被追诉人诉讼主体地位的基础性条款，法律应当以此为基础设置一系列规则，保障口供的自愿性。③ 但是该条款却被规定在我国《刑事诉讼法》第一编第五章"证据"部分的第 50 条，用于规范证据收集，是对严禁以非法方法收集证据的补充性规定。而美国则是将任何人不得自证其罪的原则规定在其联邦宪法的修正案中，为美国公民所享有的基本人权。它充分展示了无罪推定的原则，说明任何人不得被强迫证明自己有罪，也不得被强迫证明

---

① 参见任华哲、胡梦漪：《我国多元化刑事简易程序构建探讨》，载《湖北社会科学》2011 年第 8 期。

② 参见高光亮：《论我国刑事诉讼简易程序的发展与完善》，载《安徽工业大学学报（社会科学版）》2012 年第 6 期。

③ 陈瑞华、黄永、褚福民：《法律程序改革的突破与限度——2012 年刑事诉讼法修改述评》，中国法制出版社 2012 年版，第 61 页。

自己无罪。

从具体的保障措施上看，我国虽然确立了非法证据排除规则，在侦讯阶段对某些类别的案件要求实施同步录音录像制度来确保犯罪嫌疑人、被告人坦白、供述的自愿性和真实性，但是排斥侦讯时律师在场，对律师参与刑事诉讼设置了一定限制，同时还规定了"犯罪嫌疑人对侦查人员的提问，应当如实回答"。这种"如实回答的义务"在司法实践中所映射的是：一旦犯罪嫌疑人、被告人保持沉默，或者不认罪、提出无罪辩护的意见，都有可能被视为"认罪态度不好"或者"无理狡辩"，检察官或法官可将此作为从重量刑的情节对待。[①] 而美国联邦最高法院通过一系列的判例，巩固和维护了被告人不得自证其罪中所蕴含的沉默权，而且规定检察官、法官不得对被告人的沉默持不利的推断，禁止对被告人的沉默作出有罪的推断；其还通过一系列判例，将第六修正案赋予美国公民的律师帮助权扩展到美国各州，使得被告人的沉默权获得法律专业人士的知识支撑，如虎添翼。

2. 律师权利的限制

2012 年修订后的《刑事诉讼法》对律师辩护制度进行了大幅完善，扩大了法律援助的对象范围，细化了律师会见权的规则，增强了律师阅卷权的可操作性，但是对于律师调查权、律师在场权等问题均未涉及。

虽然修订后的《刑事诉讼法》对法律援助的适用对象和适用阶段都进行了扩展，但是从律师的辩护率来看，近年来我国刑事案件律师参与的比例不足 30%，有的省份仅为 12%。全国现职律师已经超过 22 万，但是 2010 年人均办理刑事案件不足 3 件，有些省甚至不到 1 件，包括其中的法律援助案件。[②] 刑事案

---

① 陈瑞华、黄永、褚福民：《法律程序改革的突破与限度——2012 年刑事诉讼法修改述评》，中国法制出版社 2012 年版，第 14 页。

② 参见朱磊：《于宁委员：建议提高刑案律师参与率》，载《法制日报》2012年 3 月 11 日，第 2 版。

件律师参与的现状与我国单一的法律援助制度及刑事案件的律师执业环境有密切关联。

律师在场权与沉默权的设立密切相关。美国联邦最高法院在1966 年的米兰达案件中将重罪案件的律师帮助权延伸到了侦查阶段。犯罪嫌疑人在第一次被讯问的时候，就可以要求律师到场，律师不在场可以选择沉默。由于我国地域差异大，律师分布不平衡，而侦查机关对律师又有一种传统的对立态度，认为律师参与侦查会妨碍侦查的顺利进行，因此我国的《刑事诉讼法》对律师在场权并未作出规定。

在刑事诉讼中，律师调查权是保证律师辩护效果的一项很重要的权利，调查的功能主要在于：（1）收集新的用于辩护的证据，尤其是犯罪嫌疑人、被告人不应承担刑事责任或对其从宽量刑有重大意义的证据；（2）核实控方调查的证据；（3）收集控方存在程序违法的证据，如控方所认定的证据属于非法证据。在美国，辩护律师与检察官可运用基本相似的侦查技巧，几乎所有的案件其主要和通常的最重要的侦查方法是会见证人，也可以要求科学实验或者犯罪现场或者物证勘验检查。① 尽管我国修订后的《刑事诉讼法》对律师调查权作出了全面规定，但是对律师自行收集、调取证据并无制度保障甚至还有所限制，② 对法院、检察院拒绝律师申请收集、调取证据也无相应救济措施。

3. 证据开示保障措施的缺憾

修订后的《刑事诉讼法》是通过律师的阅卷权和律师有权在案件移送审查起诉之日起向犯罪嫌疑人、被告人核实有关证据等规定来保障证据开示制度的。但是，这种保障存在一定缺憾。

---

① ［美］爱伦·豪切斯泰勒·斯黛丽、南希·弗兰克：《美国刑事法院诉讼程序》，陈卫东、徐美君译，中国人民大学出版社 2002 年版，第 224 页。

② 如修订后的《刑事诉讼法》第 41 条规定，律师需要经过检察院或者法院许可，同时征得被害人等同意，才可以向其收集证据；《刑事诉讼法》第 42 条及《刑法》第 306 条的规定则对律师的调查取证人为地造成一定消极影响，其使律师执业风险不当增大。

根据"两高"的司法解释，辩护律师在审查起诉阶段和庭审前享有双重阅卷权，律师在阅卷时可以查阅、摘抄和复制案卷证据。辩护律师根据《刑事诉讼法》第 40 条的规定，应当将三类影响对犯罪嫌疑人定罪的证据向控方开示。但是，《刑事诉讼法》对这种庭前开示却没有规定相应的违法后果——在证据开示过程中，侦查机关隐匿证据不入卷，辩护律师对所取证的三类证据不予开示的情况下，未经开示的证据是否具有证明力，《刑事诉讼法》并未规定。而对律师有权向犯罪嫌疑人、被告人核实证据的相关规定来看，"两高"司法解释对此是加以回避的态度，因此学界对于此项规定是否赋予被告人以阅卷权也存在较大争议。有学者认为，这项规定实际上赋予了犯罪嫌疑人、被告人阅卷权，因为这种权利是庭前证据开示制度建立的必然结果；甚至有学者还制作了《律师会见规范建议稿与论证》，建议拟定"自审查起诉之日起，会见时，辩护律师可以向犯罪嫌疑人、被告人宣读、出示案卷材料以及辩护意见，听取犯罪嫌疑人、被告人的意见"。① 但在司法实务部门，有人认为该规定并未赋予犯罪嫌疑人、被告人阅卷权，而且对律师向犯罪嫌疑人、被告人核实证据的范围也进行了严格解释："除有罪的实物证据律师可以告诉犯罪嫌疑人、被告人外，其他的证据，即言词证据和无罪的实物证据都不能告诉。"② 辩诉交易的公正实施在于控辩双方的地位平等、信息对称，而这种平衡在很大程度上又来源于证据的相互交流与沟通。如果犯罪嫌疑人、被告人对于控方的证据根本不知情，那么律师又如何有效地帮助当事人维护自身的权益呢？

---

① 参见田文昌、陈瑞华：《刑事辩护的中国经验》，北京大学出版社 2012 年版，第 179～182 页。田文昌律师和陈瑞华教授对于赋予被告人阅卷权持积极支持和推动的态度。

② 朱孝清：《刑事诉讼法实施中的若干问题研究》，载《中国法学》2014 年第 3 期。

（五）关于辩诉交易制度的总结

英美法系国家其法理念最初来自市民社会的契约自由、意思自治以及实用主义、功利主义①的思想，平等是其市民社会的主流观念，因此在英美法系的国家推行辩诉交易制度，可谓具有天然的法治土壤；大陆法系国家的检察官则多为代表国家履行追诉、指控犯罪的国家公权的司法官员，其身份地位不可能与被告人平起平坐。德国著名哲学家黑格尔早有论断在先：国家高于市民社会，国家决定市民社会。② 尽管犯罪人还保有一部分合法权益，应受到法律的维护和保障，但为其所侵犯的法益却是为国家公法中的刑法所保护的。因此，当潜在犯罪人成为犯罪人之后，其人格也相应受到贬损，在受到起诉之后控辩双方的地位更是不可能对等。而由于当代全球化、一体化进程的加速，欧盟、欧美的联系日益紧密，两大法系的法文化亦有其共通之处，故随着其法理念、法元素的相互交流、相互借鉴、相互渗透，其法治体系也开始吸收彼此的优势而逐渐趋同，但是如上文所述，欧陆地区的辩诉交易制度还是明显有别于英美。

从我国的国情、历史与传统来看一直以来并不具有实行辩诉交易的社会基础或法治土壤，虽然实践中也有对辩诉交易的一些尝试，却始终没有得到认可，有的地方相关的探索试验也很快被"两高"叫停。

此外，我国目前实行的坦白从宽仅是宽严相济刑事政策及其在刑法中体现的一项内容，即认罪态度好可能会（而不是必然会）得到司法裁量上轻刑化的恩惠，这是刑法宽宥精神的体现，并不是有人所认为的刑事诉讼中辩诉交易的前提条件。刑法是否从轻、减轻或免除还得视行为人的犯罪性质、犯罪情节、犯罪结果、人身危险性等具体情况而定。有学者就指出我国被告人同意

---

① 波斯纳认为，功利主义既是一种个人道德的理论，也是一种社会正义的理论。
② 参见 ［德］黑格尔：《法哲学原理》，范扬、张企泰译，商务印书馆 1961 年版，第 2 页。

适用简易程序只是表明其认罪服法的态度，因而就有可能适用宽严有别的政策予以从轻处罚。① 鉴于此，我们认为，辩诉交易制度在我国须缓行、慎行，因为如果以我国目前的社会刑事态势贸然实行辩诉交易制度，很难保证不会使职务犯罪腐败案件的数量上升，抑或有钱的当事人逃脱法网的制裁等情况的发生。②

---

① 刑事简易程序研究课题组：《刑事简易程序扩大适用问题研究》，载《华东政法大学学报》2011 年第 3 期。

② 夏凉：《公诉人出庭简易程序的困境及应对》，载《人民检察》2013 年第 22 期。

结束语

　　苏力教授曾在波斯纳的《正义/司法的经济学》一书的译序中说：一个制度或一个人并不因为有什么名号而高贵起来或堕落下去，其高贵或堕落全在于它或他或她在一个特定语境中的对人或人们的实际作用。[①] 所以一项诉讼法律制度的设计，不仅要求逻辑严谨、结构完整，还应能有效地回应现实、解决问题，与相关的国际准则接轨，并体现诉讼规律，符合当代司法价值选择。[②] 我国刑事诉讼中的简易程序制度及其相关配套措施的发展和完善，也应积极有效地回应现实，并克服其自身的种种弊端，以求促进我国司法体制之不断成熟、日臻完满，符合我国司法工作之规律特点与人伦价值，在顺应时代潮流的同时，更多地体现中国特色之法治理念。

---

　　① 苏力：《思想的组织形式——〈正义/司法的经济学〉译序》，理查德·A.波斯纳：《正义/司法的经济学》，中国政法大学出版社 2002 年版，第 XIII 页。
　　② 刘根菊、李利君：《刑事简易程序比较研究》，载《比较法研究》2009 年第 5 期。

主要参考文献

1. 王冬香：《刑事简易程序审判改革历程：刑事独任法官手记》，中国人民公安大学出版社 2007 年版。

2. 左卫民等：《简易刑事程序研究》，法律出版社 2005 年版。

3. 高一飞：《刑事简易程序研究》，中国方正出版社 2002 年版。

4. 艾静：《我国刑事简易程序的改革与完善》，法律出版社 2013 年版。

5. 陈光中：《中国刑事诉讼法实施问题研究》，中国法制出版社 2000 年版。

6. 裘索：《日本国检察制度》，商务印书馆 2011 年版。

7. 邵建东：《德国司法制度》，厦门大学出版社 2010 年版。

8. 樊崇义：《走向正义：刑事司法改革与刑事诉讼法的修改》，中国政法大学出版社 2011 年版。

9. 张旭：《刑事诉讼法》，中国人民大学出版社 2003 年版。

10. 陈瑞华：《刑事诉讼的前沿问题》，中国人民大学出版社 2000 年版。

11. 张建伟：《司法竞技主义——英美诉讼传统与中国庭审方式》，北京大学出版社 2005 年版。

12. 林钰雄：《检察官论》，法律出版社 2008 年版。

13. 林钰雄：《刑事诉讼法（上）（下）》，中国人民大学出版社 2005 年版。

14. 魏武：《法德检察制度》，中国检察出版社 2008 年版。

15. 金邦贵：《法国司法制度》，法律出版社 2008 年版。

16. 张文、陈瑞华等：《中国刑事司法制度与改革研究》，人民法院出版社 2000 年版。

17. 陈卫东:《审判监督程序研究》,法律出版社 2001 年版。

18. 陈卫东:《刑事诉讼法实施问题调研报告》,中国方正出版社 2002 年版。

19. [英] 约翰·斯普莱克:《英国刑事诉讼程序》,徐美君、杨立涛译,中国人民大学出版社 2009 年版。

20. [英] 丹宁勋爵:《法律的正当程序》,李克强等译,法律出版社 2015 年版。

21. [法] 皮埃尔·特鲁仕:《法国司法制度》,丁伟译,北京大学出版社 2012 年版。

22. 董坤:《简易程序公诉人出庭问题研究》,载《法律科学》2013 年第 3 期。

23. 左卫民:《简易程序中的公诉人出庭:基于实证研究的反思》,载《法学研究》2013 年第 4 期。

24. 左卫民:《在法治进程中构建简易刑事程序》,载《法学》2008 年第 7 期。

25. 吴俊明:《刑事案件简易程序集中审理制度完善的路径》,载《法学杂志》2015 年第 5 期。

26. 周永胜:《刑事简易程序被追诉人权利保障的理论基础》,载《中共中央党校学报》2012 年第 2 期。

27. 耿慧茹:《比较法视野下对我国刑事简易程序的思考》,载《人民司法》2012 年第 13 期。

28. 柯葛壮:《刑事简易程序的立法修改和实务运作》,载《东方法学》2012 年第 3 期。

29. 徐松青、张华:《修正后刑事简易程序实务研究》,载《法律适用》2012 年第 6 期。

30. 宋英辉:《我国刑事简易程序的重大改革》,载《中国刑事法杂志》2012 年第 7 期。

31. 王军、吕卫华:《我国刑事简易程序的若干问题》,载《国家检察官学院学报》2012 年第 4 期。

32. 杨雄、刘宏武:《论统一的刑事简易程序》,载《法学杂志》2012 年第 12 期。

33. 马贵翔、柴晓宇：《刑事简易程序系统的形成探析》，载《金陵法律评论》2012 年第 1 期。

34. 李昌盛：《德国刑事协商制度研究》，载《现代法学》2011 年第 6 期。

35. 张汉荣：《台湾辩诉交易制度的生成及争论》，载《国家检察官学院学报》2009 年第 2 期。

36. 谢登科：《论刑事简易程序中的证明标准》，载《当代法学》2015 年第 3 期。

37. 毛立华：《程序类型化理论：简易程序设置的理论根源》，载《法学家》2008 年第 1 期。

38. 赵云恒：《律师在刑事和解中的角色》，载《中国刑事法杂志》2012 年第 3 期。

39. 王新环：《刑事简易审判程序研究》，载《刑事法评论》1998 年第 2 期。

40. 张慧芳：《论我国处罚令程序之构建》，湘潭大学 2011 年硕士学位论文。

41. 高一飞：《我国刑事简易程序的修改完善》，载法律图书馆论文资料库 http：//www. law – lib. com/lw/lw_ view. asp？ no =4259。

42. 朱孝清：《认罪认罚从宽制度的几个问题》，载《法治研究》2016 年第 5 期。

43. 陈卫东：《认罪认罚从宽制度研究》，载《中国法学》2016 年第 2 期。

44. 孔冠颖：《认罪认罚自愿性判断标准及其保障》，载《国家检察官学院学报》2017 年第 1 期。

45. 史立梅：《美国有罪答辩的事实基础制度对我国的启示》，载《国家检察官学院学报》2017 年第 1 期。

46. 吕天奇：《法国庭前认罪协商程序之借鉴》，载《国家检察官学院学报》2017 年第 1 期。

47. 柴松霞：《德国刑诉法修改的特色所在》，载《西部法学评论》2011 年第 1 期。

后　记

　　工作之余，颇爱阅读、思考与写作，不少老师、前辈、同仁若有大作问世，亦会赠与我以学习交流，于此间我享受到不少精神上之愉悦，亦可谓生活中之情趣、乐事。居身其间，多得长者前辈指点，耳濡目染，深受熏陶，今有幸与几位法学理论研究爱好者共同执笔完成本书，颇感荣幸，待及付梓出版，不亦说乎！

　　2013 年，我的导师齐文远教授曾指点我研究刑事诉讼法修订以来有关简易程序的适用问题，于是一篇有关简易程序的论文便应运而生，这也可以说是撰写此书的一大动因吧！本书写作起始于 2014 年 7 月，成稿于 2015 年 9 月，其后几经校对、斟酌修改，又历时一年半载，其间全凭我等四位检察同仁尽力压缩业余时间，披星戴月、努力撰写而成，因此，虽是一小册子，却也付诸与几位同仁之心血，而今在此万物萌生的阳春三月即将面世，不禁欣欣然而有所感慨。

　　首先要对书中的不足表示遗憾。本书虽是应刑事诉讼制度改革之背景而作，具有一定的社会现实意义，然因成稿期略早，之后司法体制改革进展迅速、各项试点工作亦快速推进，所以及至书稿出版之际，有些内容诸如认罪认罚从宽制度、检察官员额制改革等未及调整或大篇幅补充完善、展开论述，希望今后能有修订再版之机会可以弥补此中缺憾。其次想说的是：虽然我等几位合著者抱最大之责任心、尽自身最大之努力务求书稿之完善、质量之可靠，然无论从理论水平而言还是从实务能力来看较之学界、实务界专家、学者毕竟差距显著、难望其项背，故而书中各种纰漏乃至错误在所难免，还望各位师长、同仁批评指正。

　　全书共计四章，依次分别由我、敏骏、攀峰、大海完成第一至四章，最后由我删冗补阙、修缮整合、统稿校稿而成，在此对我们这一创作团队的三位兄弟表示真挚的感谢！当然，本书的成稿出版也离不开诸位专家学者、师长前辈的关怀与指教，在此一并致以诚挚的谢意：感谢全国检察业务专家、宁波市人民检察院法律政策研究室主任潘申明博士推荐我等后辈担纲主创重任并出版写作成果；感谢我的恩师、中南财经政法大学齐文远教授百忙之中慷慨应允拨冗作序；感谢首届全国检察业务专家、湖北法治发展战略研究院院长徐汉明教授对我工作、研究、学业的关心与支持；感谢宁波市北仑区人民检察院章国田检察长与我们疑义相析，并积极推动检察理论与实务研讨良好氛围之形成；感谢中国检察出版社周密、王欢对本书稿的联系接洽、校勘完善；感谢各位志同道合、潜心研究的好友，是你们带给我思想的碰撞与火花、启迪与争鸣，也给我的工作与生活带来愉悦与欢乐；最后借此"后记"感谢我的家人对我工作、学业的支持与关心，尤其是我八十高龄的外祖父与外祖母，一直以来对我学业无比重视与牵挂，这对我而言是一种莫大的激励与鞭策。再次感谢你们带给我人生的感动！

学术之事，贵在富有建设性之批判，因为只有这样的批判才是保持理论之树常青的一剂良方；也只有这样的批判，学术才有生命，才能持续焕发出生机与活力。因此，本书著者大力欢迎来自各界友人的批判，尤其希望法界同仁不吝赐教，多提宝贵意见，为著作本身的完善贡献力量。笔者始终信奉一句话：对学术的至臻完美之追求我们一直在路上！笔者的电子邮箱是：842131789@qq.com。

夏凉

谨识于甬城·文昌阁

二〇一七年三月

17.6